Julius Baumann

Über Willens- und Charakterbildung

auf physiologisch-psychologischer Grundlage

Julius Baumann

Über Willens- und Charakterbildung
auf physiologisch-psychologischer Grundlage

ISBN/EAN: 9783741169960

Hergestellt in Europa, USA, Kanada, Australien, Japan

Cover: Foto ©berggeist007 / pixelio.de

Manufactured and distributed by brebook publishing software
(www.brebook.com)

Julius Baumann

Über Willens- und Charakterbildung

SAMMLUNG VON ABHANDLUNGEN AUS DEM GEBIETE DER
PÄDAGOGISCHEN PSYCHOLOGIE UND PHYSIOLOGIE

HERAUSGEGEBEN VON

H. SCHILLER   UND   TH. ZIEHEN.

I. BAND. 3. HEFT.

ÜBER

WILLENS- UND CHARAKTERBILDUNG

AUF

PHYSIOLOGISCH-PSYCHOLOGISCHER GRUNDLAGE

VON

DR. JULIUS BAUMANN,

ORDENTLICHEM PROFESSOR DER PHILOSOPHIE AN DER UNIVERSITÄT GÖTTINGEN,
GEHEIMEM REGIERUNGSRAT.

BERLIN,
VERLAG VON REUTHER & REICHARD
1897.

Vorwort.

Diese Lehre von der Willens- und Charakterbildung ist mir ursprünglich aus der Praxis erwachsen, da ich, schon als Schüler auf Unterricht und erziehende Einwirkung gewiesen, später 10 Jahre Gymnasiallehrer gewesen bin, 5 am Joachimsthal'schen Gymnasium und Alumnat zu Berlin, 5 an dem damals einzigen Gymnasium meiner Vaterstadt Frankfurt a. M.; in beiden Stellungen wurden auch an erziehlichen Einfluss Anforderungen gemacht. Wie diese Lehre aus der Praxis erwuchs, so empfahl sie sich mir durch den Erfolg in derselben: wenn ich nach ihr verfuhr, erreichte ich immer, etwas; wenn ich der gewöhnlichen Art folgte, oft nichts. Hinzukam die Übereinstimmung der Lehre mit der damals gerade mehr aufkommenden physiologischen Psychologie. Die Lehre habe ich zuerst dargelegt, in grösserem Zusammenhang, in dem Handbuch der Moral nebst Abriss der Rechtsphilosophie 1879; in kürzerer Form, gleichfalls in weiterem Zusammenhang, in der Einführung in die Pädagogik 1890 (Abschnitt: Pädagogische Psychologie) und in den Elementen der Philosophie 1891 (Abschnitt: Moral). Der jetzigen Darstellung habe ich alles das zu Grunde gelegt, was die physiologische und pathologische Psychologie seitdem von immer neuen Bestätigungen dieser Willensauffassung gebracht hat. Die Detailregeln selbst sind so gefasst, dass stets zugleich sowohl ihre Bedeutung für das Verständnis des Lebens der Erwachsenen erhellt als ihre Verwendung für die Entwicklung des jugendlichen Lebens. Für meine Gesamtansicht vom Schulwesen verweise ich auf meine Schrift von 1893: Volksschulen, höhere Schulen und Universitäten, wie sie heutzutage eingerichtet sein sollten.

Göttingen, Ende April 1897.

Baumann.

1*

Inhalt.

———

———

Die Bedeutung des Physiologischen für das Moralische und Geistige überhaupt.

Es giebt eine Stelle in Schleiermachers philosophischen Schriften, welche über die Rätselhaftigkeit des sittlichen Lebens im erwachsenen und durchgebildeten Menschen sich so auslässt: „Wenn wir das Leben in seinem Verlauf betrachten und besonders hier, wo es im Maximum seiner Kräftigkeit steht, so ist die Aufgabe, den Zusammenhang des Einzelnen aufzufassen und unter allgemeine Formeln zu bringen, eine solche, die gar nicht zu lösen ist. Jeder Tag bildet eigentlich für einen jeden ein solches Rätsel, indem bald die psychischen Thätigkeiten rascher, kräftiger, richtiger vor sich gehen, bald schlaffer erscheinen und mehr zurückgedrängt, und ihre Kraft durch den störenden Einfluss durchgehender Vorstellungen gehemmt wird, in manchen Fällen ein sinnlicher Reiz obsiegt, der in anderen mit Leichtigkeit überwunden wird, und das zu begreifen und in Formeln zu bringen, scheint unmöglich."[1] So drückt sich der grosse Ethiker aus, der eine unmittelbare Anschauung des sittlichen Lebens hatte, wie wenige je, und dazu im Besitz der moralwissenschaftlichen Bildung des Altertums und der neueren Zeit war mit einem durchdringenden Verständnis, wie neben ihm kaum ein anderer. Man kann sich dabei erinnern, dass es diese Rätselhaftigkeiten des sittlichen Lebens waren, welche die Romantiker dazu führten, dunkle Tiefen und Nachtseiten im menschlichen Geistesleben halb und halb verehrend zu bewundern und ihnen einen dämonischen Hintergrund zu entwerfen.

Der physiologisch-psychologisch Gebildete von heute wird dagegen z. B. bei der Lebensbeschreibung der Saling von Varnhagen einfach urteilen, dass sie eine sehr hysterische Dame war, d. h. eine Frau von abnormer Reizbarkeit (Erregbarkeit durch

---

[1] Psychologie, aus Schleiermachers Nachlass, herausgegeben von GEORGE. 1862. S. 392.

äussere Reize) und jähem Stimmungswechsel, und der Schleiermacherschen Rätselhaftigkeit auch des durchgebildeten sittlichen
Lebens wird er die Aufklärung entgegenhalten, dass alles geistige
Leben als stets bedingt durch die Nervenkraft eben von der un-
gemeinen Veränderlichkeit dieser mitbetroffen wird.

Diese körperliche Bedingtheit des geistigen Lebens ist durch
die physiologische Psychologie erst umfassender festgestellt worden,
welche eben Psychologie ist, die mit physiologischen, also auch
experimentellen Hilfsmitteln arbeitet und den Beziehungen der
seelischen zu den leiblichen Vorgängen nachspürt. Diese körperliche Bedingtheit des Geistes drückt das „Gesundheitsbüchlein,
Gemeinfassliche Anleitung zur Gesundheitspflege, bearbeitet vom
Kaiserlichen Gesundheitsamt, 1994", S. 25, 26 so aus: „Die
Ganglienzellen des Gehirns und Rückenmarks sind der Sitz des
Bewusstseins, in ihnen bilden sich unsere Vorstellungen, und in
ihnen entsteht der Wille, welcher unsere Handlungen lenkt. —
So büsst der Mensch nach Zerstörung einer bestimmten Stelle
des linken Stirnlappens des Grosshirns die Fähigkeit ein, Worte
zu bilden. Schädigungen anderer benachbarter Hirngegenden haben
Lähmungen der Gliedmassen zur Folge; auch kann das Seh- und
Hörvermögen nach Verletzung gewisser Hirnteile verloren gehen."
Die Thatsachen sind nicht zu leugnen, über die Ausdrucksweise
werde ich nachher ein Wort sagen. Sehr anschaulich wird die
körperliche Bedingtheit des geistigen Lebens dadurch, dass bei
der geistigen Arbeit ebensowohl die Muskeln ermüden (Mosso).
Die Ermüdung des Gehirns, zweifellos ein chemischer Vorgang,
beeinflusst die Zusammensetzung des Blutes und wird daher durch
den Blutkreislauf auch auf die übrigen Organe übertragen. Am
meisten Einfluss auf die Veränderungen des Blutdrucks beim
Menschen haben aber nicht die geistigen Anstrengungen oder die
Spannung der Aufmerksamkeit oder der Empfindung als solcher,
sondern die Gefühle und Affekte, wie teils durch den Sphygmo-
manometer (Instrument zur Messung des Blutdrucks in den Arterien),
teils durch direkte Beobachtungen am Gehirn bei Schädelbrüchen
festgestellt worden ist.

Vielleicht scheint es manchem gut, gegenüber solcher Bedingtheit des Geistigen durch das Körperliche sich das Göthesche
Wort zurückzurufen: „Alles, was uns aufklärt, ohne uns die Herrschaft über uns selbst zu geben, ist verderblich." Hat dies Wort
hier Anwendung? Für Schleiermacher war das sittliche Leben

auch das reife, ein Rätsel, weil er Seelenthätigkeiten annahm, welche, wie er sich ausdrückte, ohne deren Identität mit dem Leib gedacht werden können. Dahin gehören nach ihm 'die Ideen (leitende Begriffe) und das Sittliche; „denn die Handlung wird zwar durch den Leib verrichtet und die Gegenstände durch den Leib wahrgenommen, aber der Willensakt, der Entschluss nicht, und die Begriffe auch nicht." Was aber die physiologische Psychologie behaupten muss, ist die Bedingtheit auch des höheren Geistigen in uns bei seiner Bethätigung eben durch Leib- und Nervenkraft. Keineswegs folgt daraus die Einerleiheit des Geistigen mit dem Leib. Eine Änderung der früheren Ansichten hierüber, auch der Schleiermacherschen, ist unweigerlich, aber ein Aufgeben der Ansicht, welche im Geistigen etwas Unvergleichbares mit dem Körperlichen sieht, wird durchaus nicht gefordert. Indem die Naturwissenschaft das Quantitative an den Erscheinungen, d. h. dem unmittelbar Wahrgenommenen, unseren Leib miteingerechnet, immer mehr als das Wesentliche festgestellt hat, ist von daher das Geistige, selbst die minimalste Empfindung, als ein Qualitatives und Intensives erst recht trotz aller leiblichen und körperlichen Bedingtheit etwas sui generis geworden, nur uns nicht an sich selbst erkennbar, sondern eben in seinem Zusammenhang mit dem Leiblichen und den darin waltenden Gesetzen erfassbar und beeinflussbar, und so würde man auch gut thun, sich etwa auszudrücken; denn selbst die Vorstellung der Grösse ist an sich nicht gross, die Vorstellung von drei Meter Länge nicht drei Meter lang u. s. f. Aber nicht nur Aufklärung, sondern auch vermehrte Herrschaft über uns selbst kann sich von diesem Thatbestand aus ergeben. Wenn z. B. die Affekte mehr Kraft verbrauchen, so müssen sie eben um so mehr gemässigt werden — schon im Kinde ist hierauf zu achten —, und ist die leichte Erregbarkeit derselben ein physiologisch-psychologisches Übel, dem mit physiologisch-psychologischen Mitteln allerdings ab- oder wenigstens nachgeholfen werden kann. Freilich sind der Einwirkungen auf den Menschen so viele und mannigfache, und ist das Spiel seiner innerphysiologischen Kräfte ein so verwickeltes, dass der Wechsel selbst in der Leichtigkeit und Gleichmässigkeit des sittlichen Lebens, von dem Schleiermacher redet, nie ganz beseitigt werden kann durch menschliche Kunst, aber es ist ein Grosses gewonnen, wenn man weiss, wo die Gründe der ungleichen Tage liegen, und im allgemeinen die Richtung gezeigt ist. Gleichmässigkeit zu sichern. Man wird so vor phantastischen Vorstellungen bewahrt, in welche die Romantik nicht bloss der schönen Litteratur, sondern auch der Philosophie und der Seelenkunde verfiel. „Wenn wir aus irgend einem Grunde, etwa wegen einer Herz- oder Lungenkrankheit, nicht gut atmen können, so haben wir nicht bloss Lufthunger, sondern auch Begleitvorstellungen ängstlicher Natur, Ahnungen von Gefahren unbekannter Art, schwermütige Erinnerungen u. s. w., d. h. Vorstellungen von Erscheinungen, die atemraubend oder beklemmend zu wirken pflegen." Analoges findet sich in der Breite leiblich-geistiger Gesundheit, und vor schweren Missdeutungen und Missgriffen werden wir bewahrt durch diese Kenntnis, dass unser geistig-sittliches Leben auch bei der grössten Durchbildung und stetem Bemühen kleinen Schwankungen ausgesetzt ist. Wir brauchen uns darum von denselben weder als Stimmungen, noch als Einfällen forttragen zu lassen, sondern können ihnen teils vorbeugen, teils in geeigneter Weise abhelfen. Freilich vermögen wir nicht uns Lagen zu entziehen, wo wir z. B. überglücklich sind; es kann zum ganzen Verhältnis mitgehören, dass wir so fühlen müssen und Unrecht hätten, es nicht zu thun, aber wir werden uns dann nicht wundern, wenn ein gewisser Rückschlag in der Stimmung eintritt, und brauchen den Grund nicht in der Sache oder ausser uns zu suchen, sondern wir wissen eben, dass auf grosse Freude Abspannung eintreten wird aus innerphysiologischen Gründen. Wir können auch im allgemeinen unsere Freuden und Thätigkeiten so leiten, dass Schwankungen vermieden werden, damit uns das Leben immer in mehr gleichmässiger Kraft und Frische finde. Nicht bloss auf das Einzelleben haben diese Betrachtungen Anwendung, sondern auch auf das Leben ganzer Gemeinschaften, welche ja schliesslich aus einzelnen bestehen und bei welchen gerade durch die Gemeinschaft die Erregung sich noch zu steigern pflegt. Nach Zeiten grosser Anspannung eines Volkes pflegt eine Zeit der Abspannung einzutreten auf den Gebieten der angespannten Kräfte, sei die Anspannung kriegerisch, geistig, religiös, merkantil u. s. w. gewesen; selbst die höchsten Äusserungen menschlicher Bestrebung waren davon nicht frei. Es ist daher zur Erhaltung der Volkskraft erforderlich, dieselbe nicht stets in aussergewöhnlichen Anstrengungen zu erhalten, sondern nach einer solchen womöglich mindestens verhältnismässige Ruhe herbeizuführen, damit die erforderliche Erholung von selbst eintrete.

Der Wille in seiner physiologischen Bedingtheit.

Es ist zu erwarten und in Obigem schon mitenthalten, dass
der Wille viel mehr körperlich bedingt ist, als man früher wusste.
Sehr lehrreich für die körperliche Bedingtheit des Willens sind
die krankhaften Erscheinungen der Abulie einerseits, des Automa-
tismus andererseits. Bei der krankhaften Willensschwäche ist die
Intelligenz ganz unversehrt, es fehlt aber, dass aus Wunsch Handlung werde. Dabei fühlen die Kranken sich oft höchst unglück-
lich, dass sie nicht (wirksam) wollen können. Bei dem unwiderstehlichen Antrieb dagegen steigen Impulse im Menschen auf, die
dieser nicht will, d. h. mit Gefühl und Verstand verwirft, oft lange
gegen sie als Versuchungen ankämpft, dann aber automatisch, von
innen getrieben, die Handlung vollbringt. Öfter besteht diese
Handlung auch in sehr unschuldigen Dingen, etwa alle vorkommen-
den Papierschnitzel aufzuheben und zu sammeln, gesehene Gesten
nachzumachen. Auch die krankhafte Willenlosigkeit ist oft nicht
schlimm; sie zeigt sich etwa als Platzfurcht, dass jemand sich
nicht innerlich abgewinnen kann, über einen freien Platz zu
gehen, sondern um denselben herum der Häuserreihe entlang
wandelt, statt quer hinüberzuschreiten. Ein Analogon der krankhaften Willenlosigkeit findet sich im gesunden Leben in der
physischen Depression, welche besonders durch die Seekrankheit
hervorgerufen wird. Eine sehr häufige Erfahrung der Art ist der
sog. Instrumentalistenkrampf, d. h. dass z. B. das Blasen bei der
Übung auf dem Zimmer ganz gut ausgeführt wird, aber im
Orchester bei dem Wink des Kapellmeisters versagt.

Darf man aber von solchen krankhaften Erscheinungen des
Willens auf den Gesunden überhaupt schliessen? Der nicht naturwissenschaftlich Gebildete ist zunächst geneigt, das abzulehnen, indem er meint, da sei eben das Geistige in uns in abnormer Weise
behindert, und es folge daraus für die normale geistige Thätigkeit
nichts. Aber geringe Überlegung zeigt, dass man so nicht deuten
darf. Wenn die Körpertemperatur über 37,5° C. oder unter 36,5
anormal ist, d. h. körperliches und geistiges Wohlbefinden stört,
so folgt daraus nicht, dass die normale Temperatur keine Bedingung unseres Wohlbefindens ist, sondern vielmehr, dass sie es
gerade ist, von welcher dies Wohlbefinden abhängt. Wenn es ein
Zuviel und ein Zuwenig in der Nahrungsaufnahme für uns giebt,
so ist dies ein Beweis, dass ein richtiges Mass derselben statt hat,

und dass dies Mass gerade unsere körperlichen und körperlich-
geistigen Kräfte herstellt und zu erhalten geeignet ist. Wenn es,
wie in obigen Fällen vorliegt, ein Zuwenig von Impuls zu
Handlungen und ein Zuviel giebt, und dies unzweifelhaft körperlich bedingt ist — denn durch Nervenkräftigung kann versucht
werden der Abulie abzuhelfen, durch Nervenberuhigung dem Auto-
matismus —, so muss der richtige Impuls, d. h. dass aus Wunsch
oder Vorsatz wirksamer Wille werde, von einem mittleren körperlichen Zustand zwischen dem Zuwenig der Willenschwäche und
dem Zuviel des unwiderstehlichen Antriebs abhängen. Sehr deutlich kann man sich die Bedingtheit des Willens am Schlucken
eines Bissens machen, das wir meist für einen ganz freiwilligen
Akt halten, und das dies doch nur zum Teil ist. Das Schlucken
wird eingeleitet durch einen Willkürakt, durch welchen wir den
Bissen mittels Bewegungen der Zunge an die Zungenwurzel bringen.
Dort verursacht der Bissen eine (uns unbewusst bleibende) sensorische Einwirkung auf diese, und erst darauf wird durch einen
Reflexakt, d. h. durch Auslösung einer Bewegung auf einen
Empfindungsreiz hin, ob wir wollen oder nicht, der Bissen ge-
schluckt. Durch Einpinselung der Mund- und Rachenhöhle mit
Cocain fallen infolge der Giftwirkung diese unbewussten
Empfindungsreize weg, es läuft dann aber auch der Reflex nicht
ab, und man kann den Bissen nicht vorschlucken (EXNER). Wenn
ich mit einer Axt aushole, um einen kräftigen Schlag zu führen,
so ist die bewusste Aktion auf die Bewegungen der oberen Extremi-
täten gerichtet. Gleichzeitig aber und in gewissem Sinne unbewusst werden in zweckmässiger Weise viele anderen Muskeln des
Körpers innerviert (zur Bewegung von innen angeregt). Der
Rumpf muss festgestellt werden, muss seine richtige Drehung aus-
führen, jeder Muskel des Beines hat seinen bestimmten Tonus
(Spannung) und wechselt ihn mit der Aktion. Wenn einer dieser
Muskeln nicht korrekt innerviert ist, so geht der Hieb fehl (EXNER).

Solche sensomotorische Handlungen, wie die eben angeführten,
und die wir meist für ganz willkürlich halten, giebt es viele. Bei
Beeinträchtigung der Sensibilität in den Händen vermag der Kranke
nur unter beständiger Kontrole der Augen feinere Gegenstände
zu ergreifen und festzuhalten. Bei ausgedehnter Anästhesie sind
solche in Gefahr, kleine Kinder, die sie tragen, fallen zu lassen,
ohne es zu merken, wenn sie nicht ständig auf dieselben ihre
Augen richten. Annäherungen an geminderte Empfindlichkeit der

Art kommen uns allen vor an Tagen, wo wir öfter Stock oder Schirm fallen lassen, während uns das sonst nicht begegnet, und wir darum eine besondere Aufmerksamkeit auf ihre Führung richten müssen. Dienstboten haben „Unglückstage", wo sie alles zerbrechen. Es ist sehr rätlich, wenn sie ein paar Proben davon an einem Tag gegeben haben, an selbigem sie nicht mit zerbrechlichen Gegenständen weiter umgehen zu lassen. Bei Anästhesie der Fusssohlen vermag der Kranke nur unter Beihülfe des Gesichtssinnes zu gehen oder festzustehen; der Gesunde erhält auch bei geschlossenen Augen vermittels des Tastsinnes der Fusssohlen sein Gleichgewicht.

Dass bei den Bewegungen die körperlichen Bedingungen im Centralorgan, dem Gehirn, verlängerten Mark, Rückenmark, sehr mannichfach und sehr detailliert sind, ist durch pathologische Thatsachen festgestellt. Es giebt centrale Lähmungen, welche nur auf bestimmte Funktionen der Muskeln sich beziehen, sodass z. B. die Muskeln der unteren Extremitäten zum Stehen und Gehen unbrauchbar sind, sonst aber durch den Willen noch beliebig zur Kontraktion gebracht werden können. Es kommt vor, dass bei centraler Lähmung des Gesichtsnerven die Muskulatur nicht mehr willkürlich zur Kontraktion gebracht werden kann, aber bei Gemütsbewegungen noch an der Mimik teilnimmt. Schreibkrampf besteht darin, dass alle anderen Bewegungen der Hand ungestört vor sich gehen, und die Hand auch zu anderen komplizierten und sehr schwierigen Verrichtungen tauglich ist, sobald der Kranke aber die Absicht zu schreiben hat, der störende Krampf sich einstellt, bei den ausgebildeten Fällen sofort, bei den leichteren erst, nachdem er einige Zeit geschrieben hat. Es kommen auch Nähkrämpfe vor, Strick-, Schuster-, Maler-, Schneider-, Schriftsetzer-, Telegraphen-, Klavierspiel-, Violinspielkrämpfe. Verstärkung des Willensimpulses bringt bloss unzweckmässige Bewegungen in solchen Fällen hervor. Manche an Schreibkrampf Leidende können noch mit der Feder zwischen den dritten und vierten oder dem vierten und fünften Finger schreiben oder mit der linken Hand.

Die Sprachverrichtungen haben ihr Centrum bei der Mehrzahl der Menschen in der linken Hirnhemisphäre. Bei allen rechtshändigen, d. h. c. 98 % aller Menschen, wird nämlich nur die dritte linke Stirnwindung auf das Sprechen eingeübt, während bei Linkshändern der entsprechende Teil der rechten Hirnhälfte hierfür eintritt. Wie detailliert aber auch innerhalb eines so kleinen

Bezirkes hier alles ist, erhellt aus den bunten Erscheinungen der Aphasie, des Sprachverlustes. Ein Mann hatte das Begriffsvermögen für gesprochene Worte verloren, aber er verstand sehr wohl die geschriebenen. Das Gedächtnis für die Bedeutung der gesprochenen Worte ist also ein besonderes, das besonders verloren gehen kann. Eine andere Art des Gedächtnisses ist wieder, die Worte für die Vorstellungen oder Gegenstände zu finden; sie kann auch besonders verloren gehen und sogar nur zum Teil. Ein Amnestischer wird vergebens beim Vorfahren einer Lokomotive nach dem Worte suchen, aber auf die Frage: „Ist es ein Pferd", ohne Zögern nein antworten, und sofort beim Hören des Wortes Lokomotive sich desselben erinnern; manchmal hat ein Kranker bloss die Fähigkeit eingebüsst, irgend welche Hauptwörter zu finden, ein solcher sagte statt „Scheere" „das, womit man schneidet", statt „Fenster" „das, wobindurch man sieht". Unter der Herrschaft des Zornes oder einer lebhaften Erregung finden manche Aphasische Worte wieder, welche sie unter gewöhnlichen Umständen wiederzufinden nicht vermögen. Ein im Wachen aphasischer Arzt erlangte im Traum die Sprache wieder. Einzelne Aphasische sprechen im Singen Worte aus, die sie im Gesprächston nicht hervorzubringen imstande sind. Wieder ein besonderes Gedächtnis ist das des Lesens, d. h. dass die Bedeutung der gesehenen Buchstaben und Wörter uns einfällt. Der Verlust desselben, die sog. Wortblindheit, erstreckt sich bald auf die Buchstaben, bald nur auf die Worte. Sie zieht die Unfähigkeit nach sich, die römischen Zahlen, die algebraischen und chemischen Formeln zu lesen, dagegen können solche Kranken Figuren erkennen, auch Rebusse auflösen, Dame, Domino, Trictrac und selbst Karten spielen. Es giebt auch einen besonderen Verlust des Schreibgedächtnisses. „Ich weiss sehr wohl, sagte ein solcher Kranke, wie das Wort Bordeaux geschrieben wird, aber wenn ich mit der rechten Hand schreiben will, weiss ich nicht mehr, was ich machen soll." Der Verlust des Schreibgedächtnisses entspricht dem Verlorengehen anderer Bewegungsgedächtnisse, wie derjenigen, welche die Fähigkeit des Rauchens, des Nähens und des Strickens beherrschen, auch des Spielens eines besonderen musikalischen Instrumentes. Die Musik hat wieder ihre besonderen Gedächtnisse: es kann die Fähigkeit Noten zu lesen verloren gegangen sein, während die Fähigkeit auswendig zu spielen erhalten ist. Die Fähigkeit Noten zu schreiben kann fortbestehen, während das Gedächtnis für gewöhnliche Schrift verloren ist. So detailliert ist hier alles, dass nach einem Schlaganfall der Patient beim Abschreiben nur dann richtig schreiben konnte, wenn er, ohne die Vorlage zu lesen, die Buchstaben zeichnend abmalte; las er die Vorlage, so schrieb er falsch. Dagegen schrieb er sowohl spontan und nach Diktat, als auch die Namen gesehener Objekte richtig. Es fand also bei ihm eine Störung des richtigen Wortlesens statt, mit Folgen bloss von da aus. Es kommt sogar vor, dass einzig und allein die Wahrnehmungsvorstellungen von Wörtern und Melodien ausgefallen sind, während Vokale und Konsonanten für sich richtig vorstanden werden und das übrige Hörvermögen vollkommen intakt ist, woraus man schliesst, dass das sensorische Silben- und Wortcentrum zu trennen ist von dem Lautcentrum (Klang- und Geräuschcentrum). Es kommen auch bloss vorübergehende, sogen. funktionelle, aphasische Störungen vor. Ein Student der Medizin konnte in der Aufregung, auch im Examen, keine Frage mündlich beantworten, während er schriftlich sofort die richtige Antwort gab. Nicht selten ist es, dass wir ein Wort, nicht bloss den Namen eines Menschen, nicht gleich finden können, namentlich nach angestrengter geistiger Thätigkeit oder aufregenden Gemütszuständen kommt das vor. Es hat dann wohl eine momentane mangelhafte Blutversorgung der betreffenden Centren statt. Auch bei den aphasischen Erscheinungen ist die Kenntnis der Vorgänge zugleich ein Mittel der Abhülfe. GUTZMANN heilt centromotorische und controsensorische Aphasie durch Hervorrufung und Einübung eines neuen motorischen Sprachcentrums. Die Laute werden zuerst einzeln durch Nachahmung der charakteristischen Artikulationsstellungen, dann in Verbindung geübt. Daneben gehen linkshändige Schreibübungen. Neben den einzuübenden Worten werden die entsprechenden Sachzeichnungen gewiesen.

Von all dieser Bedingtheit des Handelns und damit des Willens weiss das unmittelbare Bewusstsein nichts. Manchmal ist für das Bewusstsein nur die Vorstellung einer Handlung erfordert, dass sie eintritt (sog. ideomotorische Handlung), manchmal kommt dazu noch ein bewusstes Element in der Form eines fiat, Geheisses oder ausdrücklicher Zustimmung (JAMES). Aber auch dieser willkürliche motorische Impuls geht stets nur auf die Erreichung eines gewissen Effektes (ZIEHEN). Wollen ist die Art Aufmerksamkeit, welche gerichtet ist auf Vorstellungen, beim Wollen nach aussen auf motorische Vorstellungen, beim inneren

Wollen auf die Vorstellung einer in einem psychischen Zustand zu bewirkenden Änderung (James). Von all der Bedingtheit, wie sie oben zumeist für Wollen nach aussen ist aufgezeigt worden, weiss man nur teils durch pathologische Erfahrungen, in denen gewissermassen die Natur die körperliche Bedingtheit von Handeln und Wollen selber aufgedeckt hat, teils durch Experimente.

Experimente hat man besonders auch über Willensermüdung angestellt, indem man zugleich auch die Thätigkeit der Muskeln auf elektrische Reizung von aussen damit verglich (Mosso). Danach können wir mittels des Willens eine grössere Kraft ausüben und Maximalgewichte heben, aber die Arbeitsfähigkeit erschöpft sich bald und der Willensreiz wird unwirksam, während man durch elektrische Nervenreizung die Muskeln lange in Thätigkeit hält. Der ermüdete Muskel ist deshalb weniger leistungsfähig, weil die Muskeln sich leichter ausdehnen und folglich, um dasselbe Gewicht zu heben, sich stärker kontrahieren müssen. Nach angestrengter Muskelthätigkeit sind giftige Stoffe im Blut enthalten: das Blut eines solchen Hundes, einem andern injiziert, ergab Symptome von Müdigkeit, Niedergeschlagenheit, oft auch Erbrechen. Durch unmittelbar vorhergehende angestrengte Geistesthätigkeit wird die Kraft, welche die Muskeln bei gegebenem Reiz entwickeln, geschwächt, mag der Reiz ein Willensimpuls oder ein die motorischen Nerven oder den Muskel selbst treffender elektrischer Reiz sein. Eine analoge Ermüdung hat übrigens auch bei dem Gefühl statt: nach dauerndem Kummer stellt sich eine gewisse Gefühlsleere ein, in der sich sogar manche Menschen den Vorwurf machen, kein Gefühl zu haben; man wird stumpf. Damit hängt zusammen, dass nach mehreren Trauertagen junge Leute in einen wahren Lachkrampf bei unpassender Gelegenheit ausbrechen können (Exner).

Wenn der Wille durch Herbeiführung einer langen Reihe von Bewegungen bestimmter Art ermüdet ist, alsdann bezieht sich diese Willensermüdung zunächst nur auf die Ausführung von Bewegungen dieser Art, nicht aber auf die Bewegungen, bei denen andere Muskeln beteiligt sind. Aber durch angestrengte Muskelthätigkeit verlieren auch noch andere Muskeln, durch Marschieren z. B. die Arme, stark an Leistungsfähigkeit: diese Ermüdung ist wesentlich eine Ermüdung der Muskeln selbst (Maggiora). Die Schwäche, welche das Fasten bewirkt, beruht in der Hauptsache auf einer Schwäche der Muskeln selbst. Schon

$^2/_4$ Stunden nach der Mahlzeit aber, durch welche ein 24 stündiges Fasten beendet wurde, waren die Muskeln wieder erholt (Ders.). Das Eintreten der Willensermüdung wird durch allgemeine und lokale Ermüdung, sowie durch Hunger beschleunigt. Hohe Temperatur wirkte schwächend auf die Leistungsfähigkeit des Willens, namentlich dann, wenn zugleich der Feuchtigkeitsgehalt der Luft ein hoher war. Doch musste zur vollen Wirkung heisses Wetter 2—3 Tage andauern, ebensolang zur vollen Erholung des Leistungsvermögens des Willens kühles Wetter. Nahrungsaufnahme, Ruhe und insbesondere Schlaf erholten die Leistungsfähigkeit des Willens. Der Einfluss der Nahrungsaufnahme zeigte sich nach Verlauf von etwa 10 Minuten, erreichte nach 30—45 M. sein Maximum und war nach ungefähr 60—65 M. ganz vorüber. Alkohol in geringer Dosis bewirkte eine deutliche Zunahme der Leistungsfähigkeit des Willens, während Tabak im gegenteiligen Sinne wirkte. Doch erstreckte sich der Einfluss beider Substanzen nur über einen Zeitraum von 1—2 Stunden. Wurden die Muskeln nicht durch den Willen, sondern durch elektrische Reizung erregt, so zeigten sich beide Substanzen wirkungslos. Durch die Übung wird die Leistungsfähigkeit des Willens sehr gesteigert. Eine Zunahme des Luftdrucks wirkte förderlich, eine Abnahme desselben schwächend (LOMBARD).

Wenn die Willenshandlungen so stets körperlich bedingt sind durch Muskeln, Nerven, Rückenmark, Gehirn, sogar bis ins Einzelste, so ist zu erwarten, dass im Kinde vieles von dem, was im Erwachsenen da ist, fehlt, dass erst mit dem Wachsen nicht bloss der Muskeln, sondern auch des Gehirns vieles sich einstellen wird. In der That ist dem so. Die grosse Nervenbahn, welche von der sog. motorischen Region der Hirnrinde zu den Vorderhörnern des Rückenmarks und aus diesen zur Körpermuskulatur zieht, und welche nachweislich die Innervationserregungen bei den Willenshandlungen den Muskeln zuleitet, entbehrt bei den Neugeborenen noch der Markscheiden. Elektrische Reizung einer bestimmten Stelle der motorischen Rindenregion löst beim Erwachsenen stets Bewegungen des gegenüberliegenden Armes aus, Reizung einer anderen solche des Beines, Reizung einer dritten solche der Gesichtsmuskeln der anderen Seite; alle diese Reizungen bleiben beim Neugeborenen erfolglos (SOLTMANN). Damit stimmen die genaueren Beobachtungen z. B. über das Sehenlernen der Kinder, die RIEHLMANN gegeben hat. Durchschnittlich innerhalb der

5. Lebenswoche, bei einigen Kindern etwas früher, bei anderen
später, entsteht die Fähigkeit, einen Gegenstand, der sich in der
Richtung der Sehlinie befindet, zu fixieren, d. h. von einem in
dem gelben Fleck des Auges zufällig entworfenen Netzhautbild
Notiz zu nehmen. Gleichzeitig werden die Augenbewegungen
geregelt, indem assoziierte Seitenwendungen, sowie Hebungen und
Senkungen der Blicklinie, letztere etwas später als erstere, auftreten.
Erst sehr spät, etwa vom 6.—7. Monat an, wird vom Kind die
Hand beim Greifen auf dem kürzesten Wege zum Gegenstand
hingeführt. Um diese Zeit ist dann die kompliziertere Reaktion
zwischen Netzhautbild, Augenbewegungen und dem Bewegungs-
apparat der oberen Extremitäten erworben. An der Hand der
Erfahrung dieser Tastversuche entwickelt sich die Kenntnis der
Tiefendimension und der Entfernungen, vorläufig aber nur mit Rücksicht auf die allernächste, d. h. mit den Händen kontrollierbare
Distanz. Die Vorstellung des weiteren Raumes wird erst gewonnen
auf Grund der Eigenbewegungen des Körpers, wenn das Kind sich
selbst fortzubewegen, d. h. sich selbst im Raum zu verschieben
gelernt hat. Für Kinder ist dabei die Farbe solange eine unter-
geordnete Eigenschaft der Objekte, als die Wahrnehmung von
deren Form und Gestalt für die Unterscheidung derselben aus-
reicht. Der Zeitraum zwischen der Geburt und der 5. Woche,
sodann der Zeitraum zwischen der 5. Woche und dem 5. Monat
dienen der Erwerbung derjenigen Sinneseindrücke, welche in ihrer
Gesamtheit auf das Organ (Auge) zurückwirken, und dessen anfänglich ungeregelte, zu weite Funktion an bestimmte Zweckmässig-
keitsgesetze knüpfen. So werden auf Grund der gemachten
Erfahrung von den Augenbewegungen die atypischen (regellosen)
allmählich ausgeschlossen, und nur diejenigen beibehalten, welche
der genauen Kongruenz der beiden Netzhäute während der Augenbewegungen am besten dienen. Nach PREYER verhält es sich mit
den häufig asymmetrischen und unkoordinierten Augenbewegungen
der Neugeborenen ebenso wie mit den Bewegungen der Beine zur
Zeit des Gehenlernens. Die ungeordneten Bewegungen werden
allmählich immer seltener und von den koordinierten werden
schliesslich die brauchbarsten, welche mit dem Minimum von
Anstrengung am meisten leisten, beibehalten. Gleiches gilt von
der Sprachentwicklung, von der man ganz wohl beim Kinde
beobachten kann (EXNER), dass das richtige Treffen der Laut-
kombinationen tastend gesucht wird, dass es immer besser und

besser gelingt, dieselben aufzufinden, und dass einzelne Kombinationen (sowie auch einzelne Successionen) oft erst spät gefunden
werden. Als Kontrole bei diesem Tasten nach dem Richtigen
dient in natürlicher Weise das Ohr; denn ein Kind unterscheidet
mit dem Ohr schon lange einzelne Laute und Worte, die es noch
nicht aussprochen oder doch nicht korrekt aussprechen kann.
Beim Taubgeborenen fällt die Kontrole durch das Ohr weg und
deshalb lernt er nicht sprechen (obwohl er auch Töne spontan
hervorbringt). Erst wenn ihm auf künstliche Weise eine andere
Kontrole seiner Bewegungen beigebracht wird, die er in den
taktilen Eindrücken seiner Sprachorgane finden kann (Mundstellung,
Zungenbewegung u. s. w.), ist er in die Lage gesetzt, die richtigen
Innervationskombinationen zu treffen, und wenn sie ihm dann als
richtige bezeichnet worden sind, auf Grund seiner sensorischen
Kontrole wiederzufinden.

Nach alle dem sind beim neugeborenen Menschen nur die
vegetativen Funktionen in Thätigkeit, die höheren animalen erst
im Werden begriffen. Die Thätigkeit des Nervensystems beschränkt
sich auf die Funktion des verlängerten Marks und des Rückenmarks. Alle Bewegungen der Neugeborenen entspringen darum
vorläufig entweder aus vegetativen Bedürfnissen, die reflektorisch
(innerer Reiz — Bewegung) erfüllt werden, oder sie sind unwillkürliche Haut- und Sinnesreflexe (RIEHMANN). Die niederen (vegetativen)
Triebe sind in erster Linie physikalisch-chemische Vorgänge,
welche zunächst jedes psychischen Charakters entbehren (Ab-
gangsbedürfnis, Hunger, Durst). Die Triebe erlangen einen
psychischen Charakter erst dadurch, dass sie im Bewusstsein als
Gefühle auftauchen. Aus Trieben entwickeln sich die Willenshandlungen dann durch Assoziation der Triebgefühle mit anderen
körperlichen Gefühlen (der Sättigung u. s. w.) und Sinneswahr-
nehmungen (der die Triebgefühle beseitigenden, d. h. stillenden
Geschmäcke, Bewegungen u. s. w.). Erst wenn diese Assoziation
zustande gekommen ist, wandelt sich der zunächst nur ein Leiden
andeutende Schrei des Neugeborenen in eine aktive, zielbewusste
Äusserung um. Erst der durch Erinnerungsbilder beeinflusste
(bzw. ausgelöste) Trieb sollte daher als Wille bezeichnet werden,
insbesondere jedes Wählen setzt Erinnerungsvorgänge voraus
(FLECHSIG).

Als automatisch bezeichnet man dabei diejenigen Bewegungen,
auch in Erwachsenen, welche in den Nervenzellen selbst ent-

stehen; für sie sind Zustände der Veränderung des Blutes (Oxydationsprodukte z. B. der Kohlensäure) der erregende Reiz. Automatisch sind die Erregungen des Atemcentrums, des Hemmungscentrums für das Herz, des Druckcentrums für die Blutgefässe u. s. w. Nahe stehen ihnen die Reflexbewegungen, wo auf einen sensorischen Reiz ohne erforderliches Dazwischentreten des Bewusstseins eine Bewegung erfolgt, wie bei Husten, Niesen, Blinzeln u. s. w. Zu den automatischen Bewegungen rechnet daher ZIEHEN die Reaktionsbewegungen auf interkurrent wirkende Reize, wie beim spontanen Ausweichen auf der Strasse; wesentlich ist ihnen Anpassungsvermögen für einen bestimmten Zweck und die Fähigkeit, entgegenstehende Hindernisse zu überwinden. Instinktbewegungen haben ein Ziel, sind aber als solche, ehe und während sie stattfinden, unbewusst; sie entstehen nur, nachdem zuerst eine Empfindung und dann ein Gefühl, das den motorischen Impuls lieferte, vorausging (PREYER). So ist Instinkt die Quelle der Gehversuche; Kinder, kaum einige Wochen alt, machten bereits in völlig coordinierter Weise etliche Schritte, wenn sie unter der Achsel gefasst und so gehalten wurden, dass die Fusssohlen die Unterlage berührten. Letzteres war von wesentlicher Bedeutung. Beispiele von Instinkt beim erwachsenen Menschen sind der mit den Jahreszeiten und den physiologischen Zuständen des Körpers wechselnde Appetit nach diesem und jenem, die Einwirkung der Geschlechter auf einander (PFLÜGER).

Aus solchen Anfängen (Trieben u. s. f.) bildet sich allmählich heraus, was wir Wunsch, Begehren, Wille u. s. w. nennen, die wir mit MÜNSTERBERG so beschreiben können: „Wunsch ist die von Lustgefühlen begleitete Vorstellung eines künftigen Geschehens ohne Erwägung, ob der gewünschte Vorgang auch möglich ist; in der Begierde tritt zum Wunsch hinzu eine allgemeine, freilich oft undeutliche und ungeordnete Vorstellung von dieser Geschehensmöglichkeit und ihrer Mittel und Wege. Damit nun aber aus der Begierde nach dem Erreichbaren die entsprechende Willenshandlung werde, muss nicht mehr und nicht weniger hinzutreten als eben die Ausführung, damit die Vorstellung des Zieles durch die Wahrnehmung seiner Erreichung ergänzt werde. Entschluss enthält die Überzeugung davon, dass, wenn bestimmte äussere Bedingungen eintreten werden, speziell wenn die Zeit gekommen sein wird, wir etwas Bestimmtes wollen werden. Vorsatz enthält mehr allgemein die Überzeugung, dass wir unter be-

stimmten Bedingungen, so oft sie auch eintreten mögen, immer
in bestimmter Richtung wollen werden." Gemeinsam all diesen
Bewusstseinszuständen endlich ist das, was man Streben nennt,
wenn bloss Drang nach Veränderung damit gemeint ist, der auch
ziellos sein kann, eine Unruhe erzeugt und Missbehagen mit einem
vorhandenen Zustand.

Litteratur zu den beiden vorausgehenden und dem nächstfolgenden
Abschnitt:

HUXLEY, Grundzüge der Physiologie.

LIEBERMEISTER, Krankheiten des Nervensystems.

SCHÜLE, Klinische Psychiatrie.

FLECHSIG, Gehirn und Seele.

ZIEHEN, Leitfaden der physiologischen Psychologie.

BAIN, The Senses and the Intellect; the Emotions and the Will.

JAMES, Principles of Psychology.

EXNER, Entwurf zu einer physiologischen Erklärung der psychischen Erscheinungen.

RIBOT, les maladies de la volonté.

MÜNSTERBERG, die Willenshandlung.

MOSSO, die Ermüdung.

MOSSO, die körperliche Erziehung der Jugend.

PREYER, die Seele des Kindes.

KUSSMAUL, die Störungen der Sprache.

v. KRAFFT-EBING, Nervosität und Neurasthenie.

EBBINGHAUS und KOENIG, Zeitschrift für Psychologie und Physiologie der
Sinnesorgane.

WUNDT, Grundzüge der physiologischen Psychologie und

WUNDT, Grundriss der Psychologie (kommen unten besonders vor).

BAUMANN, die grundlegenden Thatsachen zu einer wissenschaftlichen Welt-
und Lebensansicht. (Eine Zusammenstellung hier einschlägiger allgemeiner Ergebnisse der realen Wissenschaften.)

Die Entwicklung des Willens.

Es ist nunmehr ersichtlich, dass Wille, nicht nur, wenn man
Wahl darunter versteht, sondern auch, wenn nur ein bewusstes
Ziel damit gemeint ist, zu den am meisten zusammengesetzten
und abgeleiteten seelischen Äusserungen gehört. Diese Entwicklung
des Willens aus elementaren physiologischen und psychologischen
Kräften lässt sich den Grundzügen nach klar angeben. Sehr viele
Bethätigungen im Menschen sind auch später nur teilweise vom
Willen abhängig. Dahin gehören nicht nur die vegetativen
Funktionen (Verdauung, Blutumlauf, Atmung u. s. w.), sondern
auch die elementaren Bethätigungen alles geistigen Lebens, wie

2*

Sinnesempfindung, Gedächtnis, Verstand, Vernunft u. s. w., alles, was man als die natürliche, von Anfang an mitgegebene Grundlage unseres entwickelten geistigen Lebens ansieht. Nichtsdestoweniger hat auch hier der Wille als bewusste Richtung auf ein Ziel bald einen mehr oder weniger grossen Einfluss. Unsere natürliche Verdauungskraft, Sinnesempfindung, Gedächtnis u. s. w. wirken nämlich nicht immer gleich. Die Fälle, in denen sie sehr günstig wirken, heben sich für Vorstellung und Gefühl stärker hervor, werden dadurch besser behalten und können darum leicht wieder in das Bewusstsein zurückkehren und von da aus die vorhandenen Dispositionen zu gleicher Bethätigung wieder anregen. So kommt unsere Vordauungskraft, unser Gedächtnis u. s. w. unter den Einfluss unseres Willens, desto mehr, je mehr die besonders günstige Funktionierung uns bemerkbar geworden ist. So geben wir etwa nach dem Essen eine kurze Strecke spazieren oder ruhen eine Weile, so prägen wir uns etwas ein, indem wir es in einen logischen Zusammenhang bringen (manche Menschen können nichts isoliertes behalten), oder sagen uns das zu behaltende laut auf, so betrachten wir ein Bild aus der für unser deutliches Sehen gerade nötigen Entfernung, um jederzeit über eine lebhafte Erinnerung an dasselbe zu verfügen.

Auf einen gleichen Ursprung führen die willkürlichen Körperbewegungen. Diese kommen nach der Ermittelung der Wissenschaft dadurch zu Stande, dass die Muskeln auf Anregung motorischer Nerven sich kontrahieren, und diese motorischen Nerven selbst ihre Anregung im Zentralorgan, dem Gehirn, erhalten haben. Von all diesen Zwischenapparaten wissen wir aber von Haus aus nichts. Die Wissenschaft hat zwar allmählich gezeigt, dass sie im Spiel sind, aber sie lehrt nicht, wie das Psychische in uns es anfängt, auf sie überhaupt und wie gerade auf die einzelnen zu wirken. Eine absolute Macht über Nerven und Muskeln hat das Psychische in uns aber gar nicht. Bei diesem Thatbestand bietet sich nun die Beobachtung dar, dass es ausser den vegetativen unwillkürlichen Bewegungen zeitlebens auch noch sonstige unwillkürliche Bewegungen unseres Körpers giebt, wie die sog. Reflexbewegungen (Husten, Niesen, Blinzeln u. s. w.), dass auch die sog. Ausdrucksbewegungen (Lachen, Mienenspiel und Verwandtes) ursprünglich unwillkürlich sind und es meist bleiben, dass Bewegungen, welche gewöhnlich willkürliche sind, unter besonderen Umständen, z. B. in Krämpfen, unwillkürlich auftreten. Diese Thatsachen führen zu der Vorstellung, dass auch diejenigen Bewegungen, welche bald meist vom Willen abhängen, d. h. nur auf Vorstellung der Bewegungen als wünschenswerter eintreten, ursprünglich auf bloss physiologische Erregungen in den Nervenzellen eintreten mit nur begleitendem Bewusstsein. Das Bewusstsein behält dann allmählich den Vorstellungs- und Gefühlszustand, welcher mit diesen Bewegungen verbunden war, und kann nachher bei Erweckung dieses inneren Zustandes, d. h. der betr. Vorstellungen und Gefühle, die damit verbunden gewesenen Körperbewegungen von sich aus anregen, falls und soweit die Dispositionen zu denselben im Zentralorgan und weiterhin abwärts noch vorhanden sind. In der That haben anfänglich die Bewegungen, die auf Gehörs- und Gesichtseindrücke beim Kinde eintreten, ganz den Charakter reflektorischer Bewegungen, die bei denselben Reizen in genau derselben Weise wiederkehren u. s. w., erst später wird der Zusammenhang zwischen den Sinnes-empfindungen und der motorischen Äusserung auf dieselben ein freierer. Die Bewegungen der Arme, der Beine, bald auch der Sprachorgane zeigen sich in der Kindheit und noch in der Jugend in bedeutendem Reichtum und vielfacher Regellosigkeit. Bei Gesund-heit und reichlicher Ernährung ist die Bewegung im Wachen fast unablässig; wird sie zeitweilig gehemmt, so flutet sie nachher um so stürmischer aus; der blosse Überschuss an Muskelkraft drängt zu irgendwelcher Entladung. Für unser Bewusstsein treten aus diesem Vorgang klar heraus die Vorstellung der Handlung und das damit verbundene Gefühl, welches sie uns als wünschenswert erscheinen lässt, öfter auch der Impuls, d. h. ein Sichanschicken oder inneres Vorbereiten, was man als Innervationsempfindung bezeichnet oder als kinästhetische Empfindung. Diese besteht aus Druck-, Muskel-, Bänderempfindung und den Bewegungsbildern, aber sie kommt uns als Empfindung nur in unbestimmter Weise zum Bewusstsein, als „ein Zu-Mute-sein", wie es Lotze ausgedrückt hat.

Nicht zweifelhaft ist, dass diese kinästhetische Empfindung nicht bei allen Menschen die gleiche ist. Der eine setzt seinen Arm durch Muskelbilder in Bewegung, der andere durch Gesichts-bilder (Vorstellung der gesehenen Bewegung). Es kommt nämlich (bei Hysterischen) vor, dass, wenn sie ihre gewohnten Bewegungs-bilder verlieren, sie die Beine u. s. w. nicht mehr bewegen können. Es ist das ähnlich wie die Verschiedenheit inbezug auf das Wort-gedächtnis. Es giebt ein Gedächtnis für das Wortklangbild, das

sog. verbo-auditive oder akustische Gedächtnis; ein Gedächtnis
für das gesehene Wortbild, das verbo-visuelle Gedächtnis; ein
Gedächtnis für das Sprechbild, das Artikulationsgedächtnis; endlich
ein Gedächtnis für das Schreibbild des Wortes. Gewöhnlich
setzt sich beim normalen Menschen das Sprachgedächtnis aus
allen vier Stücken mehr oder weniger zusammen, aber häufig hat
ein Überwiegen des einen oder andern statt. Wer ein mehr
verbo-visuelles Gedächtnis hat, prägt sich leicht die Orthographie
ein, die solchen mit verbo-auditivem Gedächtnis schwer fällt, weil
sie nach dem Gehör schreiben, was zumal im Französischen und
Englischen die Orthographie sehr erschwert, dagegen lernt der
Verbo-auditive die Sprache schneller sprechen. Wer ein Artikulationsgedächtnis hat, sagt sich unwillkürlich, was er lernen
soll, halblaut vor und, wo er nicht mindestens die Lippenbewegungen
machen kann, behält er nichts. Manche Menschen müssen sich
alles schreiben, was sie behalten sollen; zu ihnen gehörte
Washington. Es kommen sehr extreme Fälle vor, so konnte X.
mit einem verbo-visuellen, aber ohne auditives Gedächtnis keine
fremde Sprache sprechen. Es ist daher von Wichtigkeit, die verschiedenen Wortgedächtnisse zu üben, wenn man bemerkt, dass
ein Kind eine Art zu ausschliesslich instinktiv bevorzugt; denn
das sichert dagegen, bei etwaigem Verlust der bevorzugten Wort-
gedächtnisart die Sprache ganz zu verlieren. — Das muskuläre
Gedächtnis ist besonderer Art selbst für verschiedene Muskel-
partieen; wer ein schlechtes muskuläres Gedächtnis hat, kann kein
Instrument spielen und körperliche Exerzitien nicht mit Erfolg
treiben. Es ist daran zu erkennen, dass solche die ganz richtige
Auffassung dessen, was zu thun ist, haben und sogar sehr feine
Kritiker der Leistungen anderer sein können, aber trotz allem
Bemühen nichts Einschlagendes fertig bringen. Man kann bei
besserer muskulärer Anlage daher bei manchem gut lernen, der
selber die Sache nur sehr mangelhaft vormacht.

Wegen der Verschiedenheit der ursprünglichen Bewegungs-
anlagen in den einzelnen Menschen ist auch die willkürliche
Bethätigung verschieden. So kann der eine besser zu stossweisen
Kraftkombinationen befähigt sein, der andere mehr Ausdauer ent-
falten; bei ganzen Nationen ist dieser Unterschied hervorgetreten.
So kann bei dem einen sich ein grösserer Teil der aufgebrauchten
Spannkraft (potentiellen Energie) in mechanische Arbeit (Hand-
lung nach aussen) umsetzen, bei dem andern wird mehr Wärme

(Körperwärme) produziert; wem nicht warm wird bei der Arbeit, hat einen Vorteil in der Leistung. Ja, es kommt wegen der Ungleichheit der Bewegungsanlagen vor, dass einzelnen Menschen willkürlich möglich ist, was anderen versagt bleibt. Ein Patient hatte es in der Gewalt, je nachdem er gerade simulieren wollte, sich in den Zustand der Paralyse, Konvulsion oder Starrheit zu versetzen.[1]) Oberst T. besass die Fähigkeit, sich nach Gefallen in einen vollkommen todähnlichen Zustand zu versetzen und stundenlang darin zu verharren, worauf dann die merkwürdigen Sympttome verschwanden, und er in seinen gewohnten Zustand zurückkehrte.[1]) Über einen Priester, der sich willkürlich in einen todtenähnlichen Zustand versetzen konnte, berichtet Augustin.[1]) In Verbindung hiermit stehen Thatsachen von längerer Aufhebung der aktiven Lebenserscheinungen bei den Fakiren.[1]) Jemand konnte willkürlich anfangen wiederzukäuen (ebendaselbst). Manche Menschen können bei der ersten darauf gerichteten Bestrebung die Zahl der Kontraktionen ihres Herzens beträchtlich vermehren durch die alleinige direkte Einwirkung ihres Willens. Eine der untersuchten Personen brachte ihre Pulsfrequenz von 72 auf 93 in der Minute (Pflügers Archiv). Ich selbst habe einen Gelehrten gekannt, der, um einzuschlafen, sich nur hinzusetzen brauchte mit dem Vorsatz einzuschlafen. Wenn er müde war von der Arbeit, so schlief er in dieser Weise etwa 10 Minuten und war dann wieder frisch. Ab und an kommt es vor, dass jemand die Ohren willkürlich bewegen kann, oder ein äusserstes Fingerglied bewegen, ohne den ganzen Finger mitzubewegen. In all solchen Fällen kommt meist die Fähigkeit ursprünglich mehr zufällig zum Bewusstsein und wird dann gerade im Unterschied von Anderen, die sie nicht haben, um so mehr geübt.

Ganz allgemein sind danach die ursprünglichen Grundlagen des menschlichen Willens unwillkürliche elementare Bethätigungen. Diese nennt die Sprache vielfach Triebe. Solche sind teils körperlicher Art in der Weise von S. 17. spontane Bethätigungen automatischer oder reflektorischer Art, aber auch zu den automatischen Bethätigungen ist (nach Experimenten) ein peripheres Sinnesorgan, ein peripherer Sinnenreiz erforderlich. Zum andern Teil sind Triebe dunkle Bewusstseinszustände (oft auch Gefühle genannt) mit unmittelbarer Tendenz zur Handlung, die sich erst durch

---

[1]) Hack Tuke, Geist und Körper. Studien über die Wirkung der Einbildungskraft. Übersetzt von Kornfeld. 1888.

ihre unwillkürlich ausbrechende Bethätigung über sich selbst klar werden: Wissenstrieb, Ehrtrieb, künstlerischer Gestaltungstrieb: alles, was man natürliche Neigung, Hang, Art eines Menschen nennt, gehört hierher. Andere Ausdrücke für ursprünglich unwillkürliche Bethätigungen sind: Interesse (wissenschaftliches, künstlerisches Interesse), Sinn (religiöser Sinn, moralischer Sinn, Sinn für Anstand, Sinn für Sprachen), Regungen (Regungen der Ehre, des Gewissens, der Pflicht u. s. w.). Aus allen solchen unwillkürlichen Bethätigungen bildet sich Wille dadurch heraus, dass die darauf bezüglichen Vorstellungen und Wertschätzungen, die sich gleich oder allmählich damit verbunden habeh, das Antecedens werden und darauf hin Entschluss u. s. w. zu innerer oder zugleich auch äusserer Realisierung der vorgestellten Inhalte eintritt. Beispiel eines immanenten Willens ist der Wille, jetzt einem Thema seine Gedanken zuzuwenden, an einer angenommenen Überzeugung festzuhalten; Beispiele eines zugleich transienten Willens sind der Wille, jetzt einen Freund zu besuchen, einen Brief zu schreiben.

Diese Triebe, Regungen u. s. w. sind nicht selbst schon Wille, und sie so zu nennen, verwirrt den Sprachgebrauch von Wissenschaft und gebildetem Leben; denn Wille ist appetitus rationalis, vernunftgemässe Thätigkeit, Vorwegnahme einer Handlung in Gedanken mit Lustgefühl an derselben. Wer Triebe, Regungen u. s. w. schon Wille nennt, schiebt in dieselben leicht etwas ein, was erst von dem aus ihnen entwickelten Willen gilt. So gebraucht Schopenhauer Wille für Aktivität überhaupt, für das, was man sonst in der unorganischen und der organischen Natur mit Kraft meint. Aber selbst die Grundlagen des Willens in uns sind nichts Einfaches und durchaus nichts den Körper Schaffendes, wie Schopenhauer gemeint hat, dem Wille das Ding an sich ist zu seiner Erscheinung im Raume. Gerade die Triebe sind in uns körperlich bedingt, z. B. Hunger, Durst, die sexuellen Empfindungen, Lichtbedürfnis, Bewegungsbedürfnis. Es sind dabei überaus komplizierte körperliche Einrichtungen im Spiel. Alles das zu streichen und doch Triebe, dumpfen Drang oder Streben beizubehalten, ist, wissenschaftlich betrachtet, nichts als Willkür. Der Trieb schafft das Körperliche so wenig, dass er fehlt, wo grosse Mängel der körperlichen Ausbildung vorhanden sind, es giebt Idioten, die verhungern würden aus Mangel an Nahrungstrieb, wenn sie nicht von den körperlich Normalen und damit auch geistig Gesunden gepflegt würden.

Nach Wundt (Grundzüge der physiologischen Psychologie)
ist Wille alle innere Thätigkeit, besonders innere verstärkende
Thätigkeit, als deren Typus ihm' die Aufmerksamkeit gilt. Aber
mit Recht unterscheidet man seit Langem die Aufmerksamkeit
selbst in eine willkürliche und in eine unwillkürliche, welche
letztere im Interesse als einer ursprünglichen Aufgelegtheit für
dieses oder jenes wurzelt. Die Apperception, die Zuwendung des
Bewusstseins ist oft genug gar nicht eine gewollte, das Unangenehme
und Unerwünschte presst sie uns nur zu sehr ab. Auch in dem
„Grundriss der Psychologie" nennt Wundt „durch einen Affekt
vorbereitete und ihn plötzlich beendende Veränderungen der Vor-
stellungs- und Gefühlslage Willenshandlungen", und es sind ihm
„die Affekte, die aus sinnlichen Gefühlen entstehen, sowie nicht
minder die allverbreiteten sozialen Affekte, wie Liebe, Hass, Zorn,
Rache, die dem Menschen mit den Tieren gemeinsamen ursprünglichen Quellen des Willens." Was man sonst Triebe nennt, nennt
so Wundt schon Wille. Er ist sich dessen bewusst und macht
dafür dies geltend: „Besonders die Rückverwandlung komplexer
Willensvorgänge in Triebvorgänge ist es, die die oben erwähnte
Beschränkung des Begriffes Trieb auf die aus sinnlichen Gefühlen
entspringenden Willenshandlungen völlig ungeeignet erscheinen
lässt. Infolge jener allmählichen Elimination der unterlegenen
Motive giebt es ebensowohl intellektuelle, sittliche, ästhetische und
dergleichen, wie einfache sinnliche Triebe." Danach würden
intellektuelle, sittliche, ästhetische und dergleichen Triebe immer
nur allmählich sich im Menschen bilden, also ein sekundär-auto-
matisches sein, wie vieles, was wir erst mühsam eingeübt haben,
allmählich uns von der Hand oder vom Munde geht, als wäre es
ein Primär-automatisches. Es giebt aber auch ursprünglichen
Wissenstrieb, sittlichen, ästhetischen Trieb u. s. w. (S. 24), ganz
in derselben Weise, wie es ursprüngliche sinnliche Gefühle giebt.
Selbst die sinnlichen Triebe treten auch von vornherein in individuell wechselnder Intensität und Qualität auf, da mit Rohheit,
dort mit Zartheit (Flechsig). Natürlich setzt das Hervortreten von
Wissenstrieb, Ehrtrieb u. s. w. schon eine gewisse körperliche und
geistige Entwicklung voraus. Aber ein ursprünglich ganz Spontanes
ist da sehr zu bemerken, wie das eine Kind auf manches achtet,
was dem anderen völlig entgeht, wie das eine Kind geborener
Anführer ist und sich dazu macht, als müsste das so sein, alles
lange, ehe sie von alle dem reflektierend die leisesten Begriffe

oder Bourteilungen haben. Auch der Ausdruck „voluntaristische Psychologie", den WUNDT mit für sich acceptiert, erweckt die irrige Vorstellung, als ob der Mensch in Bezug auf seine ursprünglichen elementaren Bethätigungen eine Art selbstschöpferischer Kraft hätte, die ihm doch sogar nach Seiten der produktiven Phantasie fehlt. Denn keine Phantasie, z. B. des Blindgeborenen, ist im Stande, ihm auf Beschreibung Sehender hin die mit dem fehlenden Sinn auch fehlende Farbenvorstellung zu geben, dagegen empfindet der Blinde Farben und Licht auf Grund der Äusserungen der Sehenden lebhaft ihrem Gefühlswert nach, eben weil die elementaren Gefühlsbethätigungen ihm nicht fehlen. Soll aber „voluntaristische Psychologie" nur heissen, dass „das Wollen einen ebenso unveräusserlichen Bestandteil der psychologischen Erfahrung ausmache wie die Empfindungen und Vorstellungen", so wird man erstaunt fragen: wozu ein neuer Name? Denn recht vielfach hat man Fühlen und Wollen (das letztere zunächst in elementarer Form) als eigentümliche seelische Bethätigungen mit und neben Empfindung und Vorstellung angesehen. Doch entstehen in der Grosshirnrinde die motorischen Bahnen der Sinnessphären ausnahmslos erst nach Fertigstellung der sensiblen (FLECHSIG).

Die Bildbarkeit des Willens.

Da im Bewusstsein der Erwachsenen Wille eine innere oder zugleich auch äussere Bethätigung ist, welche auf Vorstellung eines Inhalts und Wertschätzung desselben zu folgen pflegt, und sich die vielfache Bedingtheit des ganzen Vorgangs und seine ursprüngliche Genesis dem Bewusstsein nicht von selbst darbietet, so hat man seit alten Zeiten die Vorstellung und das Gefühl beim Willen für die Hauptsache gehalten, ja den Geist als Vorstellung und Wertschätzung, d. h. als zwecksetzend, für die unmittelbare Bewegungsursache des Leibes selbst angesehen, wie dies Plato und Aristoteles thaten und ihnen folgend die Scholastik, welcher der Wille als primus motor in regno animae galt, während die moderne Wissenschaft festgestellt hat (S. 9 ff.), dass unser Geist als Vorstellung und Wertschätzung nicht unmittelbar, sondern sehr vermittelt wirkt, und dass bei diesen Vermittlungen die organischen unwillkürlichen Bethätigungen auch da den Vortritt haben, wo wir später überwiegend willkürlich zu handeln lernen. Da man aber Vorstellung und Gefühl als die Hauptstücke im

Willen ansah, so sah man auch, wo sie da waren, wo man weiss, was man will, und warum man es will (als angenehm, löblich, gut u. s. w.), es als selbstverständlich an, dass die Handlung, auf welche der Wille geht, erfolge, falls nur, wo die Handlung nicht ohne Körperbewegung vollziehbar ist, die Körperorgane in normalem Zustande sind, also z. B. nicht dauernd oder zeitweilig gelähmt. Und wo dann doch die Handlung nicht recht von statten geht, da hält man nur für nötig, entweder dem Inhalt des Willens zu grösserer Klarheit zu verhelfen oder dem Wertgefühl mehr Stärke zu geben, damit der Wille zu einem effektiven, d. h. in Handlung übergehenden werde. Im gemeinen Leben fordert man von einem Menschen, dass er Kopf und Herz auf dem rechten Fleck habe: mit Kopf ist gemeint Klarheit des Vorstellens, mit Herz Stärke des Werturteils. Bei dem einen Menschen hält man es ferner, um seinen Willen zu heben, für nötiger, seinen Verstand aufzuhellen, bei dem anderen, seine Gefühle zu beleben. Selbst in ganzen Zeitaltern hat sich die Bemühung bald mehr nach der einen, bald mehr nach der anderen Seite gerichtet. Die Aufklärung des vorigen Jahrhunderts glaubte durch Aufhellung des Verstandes unmittelbar auch den effektiven Willen herbeizuführen, die Periode der Empfindsamkeit, welche darauf folgte, suchte das Herz zu rühren im Vertrauen, dass dann die That unfehlbar eintreten werde. In der Regel also, d. h. wo nicht ein besonderes Hindernis vom Körper aus entgegenwirkt, sieht man den Willen als effektiv an, sobald Klarheit der Vorstellung über das Ziel und Stärke des Werturteils zusammen da sind.

Nichtsdestoweniger ist es seit alten Zeiten, besonders im Sittlichen, Erfahrungsthatsache, dass jene beiden Stücke sehr oft zum effektiven Willen nicht genügen. Griechen und Römer haben diese Erfahrung an sich konstatiert, sie ist niedergelegt in den Worten der Medea bei Ovid: ich sehe das Bessere und billige es, und doch folge ich dem Schlechteren. Nach der indischen Lehre vermag die Betrachtung sich rein zu erhalten, aber alles Handeln ist mit Sünde befleckt. Soviel Zutrauen die Schule des Confucius zu den Keimen der Tugend im Menschen hat, so verbreitet ist es nach Mencius „sein ursprüngliches Herz zu verlieren", und dass effektives Wollen selten sei, drückt das chinesische Sprüchwort aus: „Grosse Seelen wollen, andere wollen nur wollen." Rein weltmännisch ist dieser Zug menschlicher Natur gekennzeichnet bei Diderot in Jaques le fataliste: „Wir bringen drei

Viertel unseres Lebens damit zu, etwas zu wollen und es nicht
zu thun, und zu thun, was wir nicht wollen." Übrigens beschränkt
sich diese Erfahrung nicht auf das Sittliche im engeren Sinne,
sondern zieht sich durch alle Seiten unseres Lebens hindurch.
Manche Speise wollen wir nicht, obwohl wir einräumen, dass,
wenn sie uns vorgesetzt wird, sie uns ganz gut schmeckt und
auch ganz gut bekömmt. In künstlerischer oder wissenschaft-
licher Bethätigung sind wir oft körperlich und geistig wohl aufgelegt, und doch will es nicht recht vorwärts gehen u. s. w. Man
hat in dieser Erfahrung eben darum eine Rätselhaftigkeit menschlicher Natur gesehen (S. 5) und sich meist damit begnügt.

Für uns hat eine Rätselhaftigkeit menschlicher Natur hier
nicht statt; denn nach obigem (S. 19 ff.) ist die ursprüngliche
Genesis des Willens so zu fassen: mit zuerst spontaner Bethätigung war allmählich verbunden darauf bezügliche Vorstellung
und Wertschätzung, diese Vorstellung und Wertschätzung regt
dann wieder die bez. Bethätigung an. Der Grund der Möglichkeit
dieser Umkehrung ist, dass beide Zustände irgendwie mit einander
verknüpft waren, eine Verknüpfung von a mit b immer aber auch
eine von b mit a ist. Es hat also das Gleiche statt, wie bei der
Assoziation und Reproduktion der Vorstellungen und der geistigen
Zustände überhaupt, wo nicht bloss eine Vorstellung eine andere
damit verbunden gewesene ins Bewusstsein bringt (an einem
Haus vorübergehend, denken wir an die darin einst gesehenen
Bewohner), sondern auch eine Objektvorstellung die damit verbunden gewesenen Gefühle wieder anregt und umgekehrt: so ruft
uns der Anblick eines Jugendfreundes das Glück jener Tage
zurück, eine trübe Stimmung macht, dass wir an früheres Unglück
in unserem Leben denken; und endlich werden auch Begehrungen
durch wiedergeweckte Vorstellungen und Gefühle hervorgerufen:
die Erinnerung an eine Fusstour weckt die Lust zu einer neuen
u. s. f. Ein Vorgang, wo auf Vorstellung und Wertschätzung
geistige oder geistig-leibliche Bethätigung eintritt, nennen wir
Wille und willkürliche Handlung, sie hat aber nicht mit Erfolg
statt, wo nicht die unwillkürliche Bethätigung voraufging.

Aus dieser richtigen Theorie verstehen wir auch, wie die
gewöhnliche falsche überhaupt aufkommen konnte. Sie ist eine
Abstraktion aus den nicht wenigen Fällen, wo auf Vorstellung
eines Inhaltes und Wertschätzung desselben Handlung eintritt,
aber in diesen Fällen bloss darum eintritt, weil die organischen

und psychischen Elementarereignisse, auf welche Vorstellung und
Wertschätzung sich bezieht, vorhergingen und so vorhergingen,
dass sich eine feste Verknüpfung zwischen diesen Elementar-
ereignissen und den betr. Vorstellungen und Wertschätzungen
auch rückwärts bildete. Wo die organischen und psychischen Anknüpfungspunkte des effektiven Willens nicht sind, oder aus
Mangel an Ausbildung so gut wie verloren sind, da tritt daher
der effektive Wille nicht ein. Der Unmusikalische kann sich
durch keinen Willensentschluss in die Freude des Musikliebhabers
versetzen, er kann diesem nur glauben, dass es eine solche Freude
für ihn giebt; rein praktische Naturen können sich nicht durch
Willensentschluss in reine Theoretiker verwandeln, sie können
diesen nur glauben, dass es eine Freude des blossen Forschens,
wie etwas ist oder geschieht, für sie giebt, ohne alle Nebengedanken
daran, ob dabei auch etwas Nützliches abfalle. Wo jene Anknüpfungspunkte fehlen, da kann sogar die Vorstellung und Wertschätzung oft nicht gebildet werden. So hat der von Natur Beherzte
gewöhnlich gar keine Vorstellung davon, wie einer feig sein
könne, und man kann ihm das Gruseln nur beibringen, wie im
Märchen, dass man ihn in irgend eine Lage versetzt, wo er es
plötzlich fühlt. Der von Natur Mässige begreift nicht, wie ein
Mensch an Lüderlichkeit Gefallen finden möge, der von Natur
Gütige kann sich in eine boshafte That gar nicht versetzen. Umgekehrt legt der Mensch von gemeiner oder egoistischer Gesinnung
alles nach sich aus, weil ihm eine uninteressierte und edle
Denkungsart ganz unfassbar ist. Hier verschlagen daher blosse
Vorstellungen und Gemütsbestürmungen, alles sog. Moralisieren,
gar nichts. Wo die elementaren organischen und psychischen
Anknüpfungspunkte des effektiven Willens zwar vorhanden sind,
aber schwach, da werden die darauf bezüglichen Vorstellungen
und Werturteile leicht gebildet, aber sie bringen, sobald sie als
antecedens auftreten, natürlich nur ein schwaches consequens hervor. Hier ist das Gebiet, wo die falsche Willenstheorie am
üppigsten zu grassieren pflegt; weil doch Vorstellung und Wertschätzung da ist, glaubt man der Effektivität des Willens dadurch
aufhelfen zu können, dass man die Vorstellung klarer, die Wertschätzung stärker macht, indem man auf beide einwirkt durch
verständiges oder anfeuerndes Zureden. Der Erfolg, wenn nicht
unbewusst die richtigen Mittel der Willensbildung mit angewendet
werden, ist kein anderer, als er sein würde, wenn jemand ein

Gedächtnis, das schwach ist, aber doch etwas vorhanden, dadurch zu stärken gedächte, dass er dem Besitzer eine Rede über Beschaffenheit und Vorzüge eines guten Gedächtnisses hielte.

Aber welches sind diese richtigen Mittel der Willensbildung? Ist der Wille in dem gefundenen Sinne überhaupt bildbar? Im allgemeinen ist zu sagen, dass ROUSSEAU's Grundgedanke auch hier richtig ist, alle Bildung sei Entwicklung der Natur, man müsse dem, was sich im Menschen von selbst regt, nur Gelegenheit geben, sich zu befestigen zur Gewohnheit. Aber nicht hat ROUSSEAU darin Recht, dass alles, was sich im Menschen von selbst regt, gut sei; auch ist manches im Menschen angelegt, was sich doch nicht von selbst regt. Es ist bei ROUSSEAU neben einem richtigen Grundgedanken so viel Mangelhaftes damit vermischt, dass wir nach diesem allgemeinen Hinweis auf ihn gut thun werden, unseren eigenen Weg in der eingeschlagenen Richtung fort zu gehen.

Der in seinem Ursprung in der oben angegebenen Weise verstandene Wille ist nämlich bildbar, d. h. zunächst rein formal der Verstärkung und analogen Erweiterung fähig, sofern unzweifelhaft die organischen und psychischen elementaren Grundlagen desselben bildbar, d. h. zunächst wieder rein formal der Verstärkung und analogen Erweiterung fähig sind, wobei die inhaltliche Art dieser Bildung und der ursprünglichen Anlagen selbst sehr mannichfach sein kann. An jene elementaren Grundlagen des Willens muss sich aber die Willensbildung primär wenden, weil die Vorstellung und Werthschätzung, welche beim Willen eine Rolle spielen, sich aus jenen erst heraus entwickelt haben, also nicht für sich, sondern nur im Zusammenhang mit jenen elementaren Grundlagen von Wirkung sind und daher nur erfolgreich sein können, wo die zum effektiven Willen mit gehörigen organischen und psychischen Elementarvorgänge, welche durch Vorstellung und Werthschätzung nur angeregt werden, schon da sind und vielleicht instinktiv sich mannigfach bethätigt und geübt haben.

Die Hauptgesetze der effektiven Willensbildung zu kennen, ist wichtig, nicht bloss, um sie bei der später zu behandelnden sittlichen Willensbildung zu benützen, sondern auch um die Menschheit, wie sie wirklich ist, richtig zu verstehen; denn nach diesen Gesetzen hat sich der effektive, in Handlung übergehende Wille stets gebildet, und alle erfolgreiche Einwirkung auf Menschen musste stets bewusst oder instinktiv an sie anknüpfen.

Die Hauptgesetze der Willensbildung.

Das erste Gesetz der Willensbildung, das der Verstärkung, leitet sich daraus ab, dass nach S. 28 der Wille mit einer umgekehrten Assoziation vergleichbar ist. Nun herrscht bei den Assoziationen das Gesetz, das der ungekehrte Gang zwar möglich, aber nicht so leicht ist. Das Abc kann man daher nur sehr schwer von z nach a rückwärts aufsagen, da sich die Umkehrungen hier häufen. Bei den Assoziationen erreicht man die Leichtigkeit der Umkehrung durch Übung, d. h. Wiederholung, z. B. beim Einmaleins. Das Gleiche gilt vom Willen, er ist abhängig von der Übung. Ist z. B. dem Kinde etwas instinktiv geglückt oder hat sich instinktiv in ihm geregt, und war augenscheinlich Bewusstsein damit verbunden, so gilt es, die Aufforderung zur Wiederholung an sein Bewusstsein zu bringen, damit so an Vorstellung und Wertschätzung die vorhandenen Dispositionen zur Bethätigung sich anschliessen. Vielfach übt das Kind die effective Bethätigung sich selbst ein, eben von dem freudigen Bewusstseinszustand aus, der mit der instinktiven Bethätigung des gelungenen Greifens, Aufrichtens zum Sitzen, Laufens, Hervorbringens artikulierter Laute verbunden war. Sehr vorteilhaft ist es, wenn die ursprüngliche Bethätigung auf Lob und Aufmunterung der Umgebung trifft; denn das lässt das Bewusstsein bei dem ganzen Zustand verweilen und erleichtert eben dadurch die Reproduktion. Absichtliche derartige Übungen muss man aber nur anstellen, wenn voraussichtlich die betreffenden Muskelgruppen oder geistigen Elemente sich annähernd in gleichem Zustand befinden, wie bei der früheren gelungenen Bethätigung; denn ein Misslingen, z. B. beim Üben willkürlich zu laufen, oder etwas aufzusagen, oder auch nur nachzusprechen, wirkt auf längere Zeit abschreckend. Ebenso müssen im späteren Knaben- und Mädchenalter die Einzelvorstellungen und mancherlei Kombinationen derselben geläufig geworden und dadurch leicht erweckbar sein, wenn eine zusammenhängende Verknüpfung derselben in einem Aufsatz z. B. auf Vorsatz hin gelingen soll, weshalb eine vorhergehende mehr freie Überdenkung etwa auf einem Spaziergang die Sache so erleichtert.

Selbst bei den Erwachsenen sind zum effektiven Wollen stets günstige Bedingungen der bez. organischen oder psychischen Elemente der Bethätigung (des Impulses) unerlässlich. Aus dem

Fehlen solcher günstigen Bedingungen erklärt es sich, dass bei leiblicher oder geistiger Erschöpfung Vorstellung und Wertschätzung, die sonst effektiv waren, gar nichts mehr vermögen, dass bei geistiger oder leiblicher Ermüdung, z. B. in Schlaftrunkenheit, schwer fällt und nur unsicher gelingt, was sonst leicht und präzis ausgeführt wurde, dass durch blosse längere Unterlassung sonst geübter leiblicher oder geistiger Handlungen diese nicht mehr so von statten gehen wie früher. Darum ist z. B. eine Reihe von guten Tagen so schwer zu ertragen; denn da wir im Glück nicht von selbst Gelegenheit haben, uns in Geduld, Anstrengungen, Enthaltsamkeit zu üben, so müssen wir erwarten, dass jene Tugenden aus Mangel an Übung verloren gehen, und dafür andere Gewöhnungen sich einstellen, sehr verschieden von jenen. Darum müssen wir uns nach längerem Ausruhen z. B. in Ferien erst wieder „einschiessen"; selbst das Schreiben geht uns dann zuerst nur halb so schnell von der Hand, als da wir von unserem Schreibtisch Abschied nahmen.

Auf Grund des Dargelegten ergeben sich als Detailregeln: 1. Willkürliche Handlungen jeder Art erfordern für ihren Anfang günstige innere oder zugleich auch äussere Bedingungen, für deren Herstellung möglichst Sorge zu tragen ist, und werden nur durch Übung, d. h. Wiederholung fest und sicher (habituell, zur anderen Natur); 2. was stets unter der Herrschaft unseres Willens stehen soll, dürfen wir nie ganz ausser Übung setzen. Man darf sich darum nicht zu sehr darauf verlassen, dass oft geübte geistige und leibliche Bethätigungen secundär-automatisch würden, d. h. in ähnlicher Weise stets zu unserer Verfügung ständen, wie vegetative und animalische Verrichtungen, die, wie wir sagen, von selbst ablaufen. Erstens sind diese selbst mehr bedingt, als man früher wusste (S. 17), und wenn eine ihrer Bedingungen fehlt, so versagen sie; zweitens erleben wir alle, wie selbst das Gehen, wenn wir es in Folge von Krankheit, gar nicht in den Gehwerkzeugen selbst, längere Zeit nicht geübt haben, gleichsam erst wieder ins „alte Geschick" muss gebracht werden.

Die Bedeutung der Übung und Gewöhnung für die Willensbildung ist früh erkannt worden; in der Wissenschaft ist sie besonders von Aristoteles ans Licht gestellt, nur das höhere Denken, den νοῦς, nimmt er aus; was das Denken einmal hat, das bleibt ihm; ein Satz, der ein Wunsch, aber keine Wahrheit ist: denn ohne alle Übung, absichtliche oder unabsichtliche, schwinden auch die geistigsten Gedanken.

Allgemeine Grundforderung ist ausserdem, stets für einen Vorrat von Muskel- und Nervenkraft zu sorgen durch Erholung nach starken Anstrengungen und durch zweckmässige leibliche Pflege. Durch Übung mit Ausruhen und mit Ersatz über den Verbrauch werden die leiblichen und geistigen Kräfte dann nicht bloss erhalten, sondern auch verstärkt, obwohl nicht ins Unendliche. Die leibliche Pflege muss nicht bloss Erregungsmittel, sondern auch plastische, d. h. substanzerhaltende Mittel den Muskeln und Nerven zuführen. Für Muskelkraft wird bei uns gesorgt, freilich nicht immer in zweckmässiger Weise. Nach Virchow sind Schwimmen und Dauerlauf die einzigen allseitig wirkenden turnerischen Übungen. Die plastischen Stoffe werden überdies über den blossen Erregungsmitteln oft vernachlässigt; für jene ist nach der Physiologie stickstoffhaltiges Material (Fleisch, Eier, Brot) erforderlich, für diese kohlenstoffreiches (Fett, Stärkemehl). Dagegen für Nervenkraft wird bei uns noch wenig gesorgt; daher die gelegentlich schrecklichen Zustände von Nervenerschöpfung, als Unfähigkeit etwas zu denken, plötzliches Abreissen einer Gedankenreihe, Schlafsucht schon bei unserer Jugend. Sehr oft werden die Nerven bei uns ernährt auf Kosten der übrigen Systeme, der Muskeln, des vegetativen Systems, also der Verdauung und was damit zusammenhängt. Dies wirkt auf die Nerven schliesslich selbst zurück; daher die Sensibilität und Erregbarkeit nicht mehr bloss bei Gelehrten und Frauen der gebildeten Stände — die letzteren brauchen für das Gefühlsleben sehr viel Nervenkraft —, sondern schon in viel weiteren Kreisen. Schlimm, wo durch blosse Erregungsmittel den Nerven nachgeholfen wird, durch Kaffee, Thee, Spirituosen, kalte Abwaschungen. Am besten sind Ruhe, Aufenthalt in frischer Luft, leichte Gesellschaftsspiele. Helmholtz lobt die englischen Spiele auf den dortigen Universitäten und setzt hinzu: „Man darf nicht vergessen, dass junge Männer, je mehr man sie von frischer Luft und der Gelegenheit zu kräftiger Bewegung absperrt, um so geneigter werden, eine scheinbare Erfrischung im Missbrauch des Tabaks und der berauschenden Getränke zu suchen." Die erste Anlage an einer Universität müssten daher Plätze für körperliche Bewegungsspiele in freier Luft sein, und man wird sich in künftigen Jahrhunderten nicht wenig wundern, wie anders es noch bei uns zugegangen ist. —

Bei mangelhafter Ernährung bleibt auch die Willensenergie gering: es ist durchaus verständlich, was von Wien und London aus berichtet wird, dass, seitdem armen Kindern in der Schule Frühstück und Mittagessen um ein Geringes konnte verabreicht werden, Lernkraft und gutes Betragen bedeutend zunahmen. Selbst von Erwachsenen gilt das Gleiche; bei andauernden Strapazen und unzureichender Verpflegung verlieren kriegsgeübte Armeen Elan und Disziplin (werden demoralisiert).

Mit unserer Auffassung der Entstehung der willkürlichen Bethätigungen könnte nicht zu stimmen scheinen, was man bei Kindern den Nachahmungstrieb, bei Erwachsenen die Macht des Beispiels nennt. Denn hier ist das Antecedens Vorstellung eines wahrgenommenen Thuns und damit verbunden Wertschätzung (wozu auch Staunen, Verwunderung gehören), das Consequens ist dann sofort oder allgemach die bez. Bethätigung. Kinder lernen so durch Nachahmung eine bestimmte Sprache sprechen, auch etwa zwei neben einander, wenn dieselben in ihrer Umgebung gesprochen werden; in ihren Spielen agieren sie alles, was sie durch die Sinne aufgefasst haben; hat der Schieferdecker auf dem Dach gearbeitet, so „spielen sie Schieferdecker eine ganze Woche lang" (O. Ludwig). Im späteren Knabenalter werden die Schlachten zwischen Griechen und Persern, zwischen Römern und Puniern, die der Freiheitskriege in den Spielen agiert. Aus dem reiferen Leben gehört hierher z. B. die Macht der Mode, die Gewalt der Gesellschaft über den einzelnen, der in ihr lebt (point d'honnour). In der Jugend am stärksten, ist der Nachahmungstrieb im Mannesalter auch da: ein Volk will eine Verfassung, weil das andere sich eine gegeben hat; bricht in einem Lande Revolution aus, so wirkt das leicht ansteckend auf die angrenzenden Länder. Tarde (les lois de l'imitation) will die ganze Geschichte auf Erfindung und Nachahmung zurückführen. Alles Lernen von aussen beruht in letzter Instanz auf Nachahmung eines zufällig oder absichtlich Vorgemachten.

Bei näherem Zusehen entdeckt sich indes leicht, dass Nachahmung oder Nachbildung nur eintritt, wo im Menschen die zu gleichen Effekten erforderten Vorstellungs- oder Bewegungsdispositionen bereits da waren, entweder ganz von Natur oder auf Grund der bereits geschehenen Entwicklung der Natur. Vieles können wir daher nicht nachahmen, vieles sehr ungenau, sowohl qualitativ wie quantitativ. Die nationale Pronuntiation und

Accentuation einer fremden Sprache erreichen wir selten. Die Engländer sprechen mehr mit dem Vordermund, die südlichen Völker mit dem ganzen runden Mund; manche finden sich rasch darein, bei anderen will es nie recht gehen. Menschen von sehr verschiedener Art verstehen sich nicht, wie man sich ausdrückt, d. h. vermögen einander nicht ihre Art mit den Wertgefühlen derselben nachzuempfinden. Von den Chinesen, die in Europa reisen, erzählt man, dass meist alles, was sie dort anders antreffen, an ihnen wirkungslos abgleite; die eingelebte Art macht sie unempfindlich für anderes. Erfahrungen anderer nützen uns im allgemeinen sehr wenig, weil wir dieselben, wenn wir nicht bereits ähnliches erlebt haben, nicht ganz nachzubilden vermögen; daher findet die ältere Generation mit ihren Ansichten und Mahnungen oft so wenig Boden bei der jüngeren; ein Student hat leicht mehr Einfluss auf Primaner als seine noch so verehrten Lehrer. Die Nachahmung reicht daher nur soweit, als verwandte unwillkürliche Bethätigungen der Anlage nach stark da sind. Diese werden durch das Beispiel bloss geweckt.

Da im Durchschnitt alle Elemente menschlicher Natur in jedem vorhanden sind, können wir menschliches Denken, Fühlen, Streben überhaupt auffassen und verstehen. Da aber diese Elemente in sehr verschiedenem Grade der Qualität und Stärke in uns sind, so werden wir so ungleich durch Vorbilder zu entsprechender Bethätigung geweckt. Die meisten Menschen haben so viel natürliche Anlage, dass sie Poesie verstehen und sich daran erfreuen können; andere haben so viel, dass sie auch Gedichte machen, aber es sind Kopien; andere, geweckt durch grosse Muster, zeigen ein bedeutendes Talent; einige sind Genies, die auch ohne alle Weckung Musterdichter geworden wären. In den übrigen Künsten ist es ebenso; mit Wissenschaften und ihren verschiedenen Arten, mit den anderen Berufsarten gleichfalls. Goethe besass ein sehr scharfes Auffassungs- und Eindrucksvermögen. Ihm schrieb er es zu, dass er seine Gestalten so lebendig und scharf individualisiert hervorbringen konnte. Diese Deutlichkeit und Präzision der Auffassung hatte ihn seiner eigenen Angabe nach lange Jahre hindurch zu dem Wahne verführt, er hätte Beruf und Talent zum Zeichnen und Malen. Die Übertragung des geistig Geschauten auf Papier und Leinwand durch die Hand gelang ihm aber nie in irgend bedeutendem Grade. Ebenso war ihm alle Anlage zur Mathematik fremd. Die Aussonderung bloss der Grösse und Zahl aus den

konkreten Gestaltungen und ihre Festhaltung und vergleichende
Betrachtung für sich brachte er nie fertig, weshalb er sich in die
Newtonsche Physik nie zu finden vermochte.

Die Grundlagen unserer willkürlichen Bethätigungen sind
sonach teils völlig spontan (S. 31 ff.), teils rezeptiv-spontan. Daher
suchen wir instinktiv nicht bloss Verstärkung unserer Art durch
Anschluss an Gleiche, sondern auch Ergänzung derselben durch
Anschluss an solche, welche das, was als spontane Bethätigung
in uns nur schwach, aber wertvoll ist, in starken Zügen an sich
tragen, so z. B. in Umgang, Liebe, Lektüre, Kunst. Manche
gehen besonders mit Berufsgenossen um, denn sie sind anregend
für ihre Hauptbeschäftigung, andere suchen gerade Umgang, der
sie von der Hauptrichtung ihrer Thätigkeit mehr abzieht u. s. w.
Weit entfernt also, dass der Nachahmungstrieb und die Macht
des Beispiels unserer Auffassung der Entstehung willkürlicher
Bethätigungen entgegen sind, geben sie vielmehr, recht gedeutet,
eine Bestätigung derselben und lehren uns den Menschen zugleich
von nun an immer so auffassen, wie er wirklich gegeben ist, d. h.
nicht allein und bloss auf Wechselwirkung mit der Natur angewiesen, sondern immer unter Menschen und in Wechselwirkung
mit ihnen, teils so, dass er für sie anregend wird, teils so, dass
sie es für ihn sind.

Wie jede unwillkürliche Bethätigung des Menschen, so ist
auch jede daraus entspringende willkürliche zunächst ein ganz
konkreter Akt, bei dem das und das vorausging, das und
das folgte, die Umgebung die und die war, die Stimmung
so oder so u. s. f. Der Wille entwickelt sich ursprünglich
in lauter Einzelakten mit ganz besonderen circumstantiis, durchaus nicht als Art oder Gattung. Ein Kind kann damit, dass
ihm das Gehen geglückt ist, nicht überhaupt gehen, sondern an
seinem Stuhl gehen, oder von der Ecke seines Zimmers in die
andere gehen, oder aus Mutters Arm in die Arme seiner Schwester
laufen u. dgl. Ein Kind kann damit, dass es vor der Mutter etwas
aufsagt, noch nicht überhaupt aufsagen; es stockt damit vielleicht
schon vor dem Vater; die andere Umgebung stört es. Da die
äusseren und inneren Umstände zwar öfter dieselben sind, öfter
aber auch wechseln, so ist es nicht auffallend, wofür es gewöhnlich
im höchsten Grade gilt, sondern es ist genau das zu Erwartende,
dass der Mensch vielfach ungleich ist mit sich selber nach den
verschiedenen Umgebungen, Relationen und Stimmungen. Der-

selbe Knabe kann zu Haus ungezogen, in der Schule brav sein und umgekehrt, munter draussen, daheim still und umgekehrt. Einem Kind musste das Kratzen durch Schläge auf die Hände abgewöhnt werden, erstens vom Vater ihm selbst gegenüber, dann von der Mutter ihr gegenüber, dann von der Schwester, dann von der Kinderfrau; da es dann keine Übung mehr hatte in dieser Bethätigung, so erlosch sie bald ganz oder konnte, wo sie im Zorn wieder einmal hervorbrach, rasch gedämpft werden. Ebenso gehört hierher, dass Mädchen Knaben gegenüber allein meist verzagt sind, in Menge aber um so dreister. Die Moral der meisten Menschen und ihre Religion hängt ab von der ganzen Umgebung, mit der sie zusammengelebt, und den ganzen Verhältnissen, in denen sie sich gebildet hat; wo diese daher ganz aufhören, werden auch Moral und Religion schwankend. Beispiele sind die grossen Pesten von Thucydides an durch das Mittelalter hindurch; sie lockerten den ganzen moralisch-religiösen Bestand, die meisten wurden gesinnt nach dem Spruch: lasst uns essen und trinken, denn morgen sind wir tot, während andere, bis dahin Leichtfertige, z. B. Lustdirnen, aufopfernd in allgemeiner Pflege wurden und ihr Leben nicht schonten. Berührung mit fremder Kultur und fremden Sitten hat ähnlich lockernde Erfolge; dies wurde sehr bemerkt vom Altertum in Bezug auf die Sitten in den Seestädten, wo verschiedene Nationen zusammentrafen; im Mittelalter gleichfalls, besonders bei Gelegenheit der Kreuzzüge. Die Ritter nahmen viel orientalische Sitten an, im schlechten Sinne nicht bloss, sondern es bildete sich auch ein Begriff gemeinsamer Ritter- und Waffenehre unabhängig von der Religion. Bei dem Wiedererwachen der Wissenschaften in den Zeiten des Humanismus machte man dieselbe Erfahrung; Erasmus eifert gegen das neue Heidentum der Gelehrten, das besonders stark war in Italien. Unsere Missionäre klagen sehr, wie die europäischen Handelsleute in den fremden Ländern, z. B. China und Japan, heidnisch lebten, besonders in Bezug auf Geschlechtsverhältnisse. Es empfiehlt sich daher allerdings, in unsere Kolonien nur starke moralische Charaktere zu senden. Dies sind Beispiele aus der grösseren Geschichte. Beispiele aus dem täglichen Leben sind: Burschen und Mädchen, die im Dorf fleissig und brav waren, werden oft in der weiteren Welt träge und leichtsinnig; nur die Rückführung in ähnliche Verhältnisse wie früher, etwa durch Heirat oder Anschluss an einen besonderen Kreis, macht sie wieder der alten

Art teilhaftig. Eine Dame kann auf dem Ball vier Meilen in einer Nacht zurücklegen, welche keine Stunde zusammenhängend zu gehen imstande ist. Kinder, die den ganzen Tag im Garten sich tummeln, sind oft, auch wenn sie nicht müde sind, sehr unlustig zum eigentlichen Spazierengehen: dort wechseln die Bewegungen jeden Augenblick, hier sind dieselben Muskeln in gleichförmiger Weise dauernd in Funktion. Es giebt Menschen, die glänzend in der Unterhaltung sind, trocken im zusammenhängenden Denken, kühn in Projekten, zaghaft im Handeln u. s. f.

Grössere Gleichmässigkeit in der Bethätigung, auch in der willkürlichen, wird meist bloss erlangt durch Zucht, ursprünglich durch andere, später durch uns selbst. Wenn nämlich eine willkürliche Bethätigung unter bestimmten Umständen durch Übung fest und leicht gemacht ist, so müssen die Umstände variiert werden, zuerst wenig, dann immer mehr. Dadurch werden die einzelnen Willensbethätigungen allmählich unabhängig von Ort, Zeit, Umgebung, Stimmung u. s. w. So lernt das Kind zuerst arbeiten nach den Forderungen der Schule unter steter Aufsicht der Eltern, dann auf bloss allgemeine Überwachung durch dieselben, weiter auf blosse Erinnerung durch sie, ferner auf den blossen Antrieb der Schule, endlich aus selbständigem inneren Antrieb. Bei uns lernen viele nie selbständig arbeiten, weil Lernen mit ihnen bloss geübt wurde unter Anleitung oder mit direkten Aufgaben von der Schule aus; sobald diese Umstände aufhören, wissen sie nicht recht, was sie eigentlich machen sollen, sie nehmen allerlei in sich auf, aber sie lernen nicht, bis das Examen mit seinen bestimmten Forderungen, durch seine Ähnlichkeit mit dem Aufgabestellen der Schule, sie wieder zum eigentlichen Lernen zurückbringt. Es ist daher schlechterdings in den höheren Klassen Zeit zu lassen für eine frei gewählte Beschäftigung, über welche sich der Schüler von Zeit zu Zeit nur auszuweisen hat, damit er gelernt habe, sich mit Erfolg selbst zu beschäftigen.

Da solche Zucht Zeit, Musse und verständnisvolle Leitung braucht, so ist die grössere Unabhängigkeit des Willens von äusseren und inneren besonderen Bedingungen meist der Vorzug ernster und planmässiger Bildung. Der Ungebildete hat eine gewisse Steifigkeit und Festgefahrenheit: in einer gewissen Art und von gewissen Punkten aus kann er willkürlich seine Kräfte in Bewegung setzen, jede Abweichung von der gewöhnten Art stört ihn. Wer daher will, dass Ungebildete gern unter ihm arbeiten, der muss sich in ihre Art, die Sache anzufangen und zu betreiben, hineinversetzen, dann kann er viel mit ihnen aufstellen; anderenfalls wird er wenig ausrichten und noch dazu lauter Verdruss machen und haben. Oft gelingt es auch nicht, die Unabhängigkeit des Willens von besonderen Umständen überhaupt herzustellen. Viele Menschen bedürfen, um in einer gewissen Weise zu sein, gewisser Umgebung, der steten Anregung und des weckenden Beispiels (S. 36). Die moderne Lehre, jeden auf sich selbst zu stellen, ist für nicht wenige heilsam, die der hohen Art von Selbständigkeit fähig sind, für andere ganz verderblich, mindestens die Gelegenheit zum Anschluss müssen die letzteren haben, wenn sie gedeihen sollen. Daher sind freie und doch feste Vereinigungen von Berufsgenossen z. B. durchaus wünschenswert. Aber auch in demselben Individuum ist jene Unabhängigkeit des Willens nicht überall gleich sehr erreichbar: manche Bethätigung hängt ihrer Natur nach von Stimmungen ab, d. h. körperlichen und geistigen Dispositionen, deren Elemente sehr kompliziert und meist noch dunkel sind. Es kann einer ein wirklicher Dichter sein und kommandiert doch nicht die Poesie jeden Augenblick. Justinus Kerner konnte nur dichten in trüber Stimmung.

Es ist nicht selten, dass gewisse Bethätigungen weder spontan, noch auf Vorbild sich merklich regen, dass also auch inbezug auf sie ein direkter effektiver Wille fehlt. In solchen Fällen kann ein indirekter Wille supplierend eintreten. Manchem Menschen gelingt es, namentlich in der Jugend, nicht, nach Willkür ernst dreinzuschauen, dagegen gelingt es ihnen, sich willkürlich an ein ernstes Erlebnis zu erinnern, infolge dessen sich bei ihnen sofort die damit verbunden gewesene ernste Haltung einstellt. Goethe und seine Schwester fanden als Kinder nicht den effektiven Willen, im Dunkeln einzuschlafen. Der Vater suchte ihre Schreckhaftigkeit zu überwinden, indem er sie selbst erschreckte und dann den Schrecken aufklärte. Diese Verstandesaufklärung brachte das Schreckgefühl nicht weg. Die Mutter versprach ihnen nun, wenn sie ruhig einschliefen, täglich von den gerade reifen Pfirsichen. Im Dunkeln kam jetzt jedesmal Vorstellung und Wertgefühl der Pfirsiche, die man durch ruhiges Einschlafen erhalten könne. Diese angenehmen Gefühle und Vorstellungen wirkten den schreckhaften entgegen, so starben diese allmählich weg, und das ruhige Einschlafen blieb als Gewohnheit übrig. Indirekter Wille sind alle Bethätigungen, welche nur auf dem Umwege durch Anschluss an Vorstellung und Wertschätzung mit bereits gelingender Bethätigung zustande gebracht werden. Alle Einwirkung auf Menschen durch Lohn und Strafe, Verheissung und Drohung, Schmeichelei und Schrecken gehören hierher. Sie setzen voraus, dass Bethätigung, geistige oder zugleich auch leibliche, in uns eintritt, sobald die Vorstellung oder die Aussicht auf gewisse Güter und Übel stark in uns erregt wird. Es erklärt sich dies dadurch, dass freudige Gefühle eine anregende, Unlustgefühle eine hemmende Wirkung auf unsere Kräfte ausüben. Freude regt überhaupt an, das Blut strömt lebhafter durch den Körper, die Gefässe erweitern sich; infolgedessen werden auch die Nerven und Muskeln angeregt, die bei der schwerfallenden Bethätigung besonders beteiligt sind, die Sache geht leichter. Daher die Wirkung des versprochenen Douceur, der Aussicht auf das der Ernte folgende Fest. So wirkten früher in den Kriegen die Feldherrn durch das Versprechen der Plünderung einer Stadt, so jetzt durch die Aussicht auf Beförderung, auf Ehrenzeichen.

Die indirekte Wirkung der Strafe oder Drohung auf den Willen ist womöglich noch grösser als die der Belohnung. Wie wir ein empfundenes Übel fliehen (ein gebranntes Kind scheut das Feuer), so hat auch das sicher erwartete Übel eine hemmende Wirkung. Wie stark auf viele Menschen die Gesetze mit ihren Strafandrohungen wirken, das haben alle Zeiten gezeigt, wo die Gesetze schwach gehandhabt wurden oder, wie in Revolutionen, zeitweilig gar nicht; die Übertretungen haben sich dann sehr gemehrt, und die schlimmsten Leidenschaften traten plötzlich wieder hervor. Eine wie grosse Rolle auch nur gefürchtete Missbilligung spielt, das geben genugsam zu erkennen die Erwägungen der Kinder über das, was Vater und Mutter sagen würden, die zarte Scheu, welche oft der Gedanke an die oder den Geliebten in Jüngling und Jungfrau behütend erregt, aber auch die verbreitete Rücksichtnahme auf guten Ruf u. s. w.

So benutzte Napoleon die Abspannung der Geister infolge der Stürme der Revolution, um von der Freiheit und Gleichheit, welche ihm mehr vorübergehende Neigungen gewesen zu sein schienen, an das seiner Ansicht nach eigentliche Grundgefühl der Franzosen, l'honneur, d. i. Auszeichnung vor Anderen, Fremden und Einheimischen, zu appellieren, und gab diesem mit Erfolg Nahrung durch Kriegsruhm und Neubildung von Klassen der

Gesellschaft, nur dass jetzt allen diese Ehren zugänglich waren.
J. Möser hat in den Patriotischen Phantasien gelehrt, wie bei
Landleuten Verbesserungen nicht anders eingeführt werden können
als so, dass man selbst die Sache macht, sie dieselbe sehen lässt
und dadurch den Nachahmungstrieb in einigen weckt; wenn dann
die anderen wahrnehmen, dass die, welche es neu machen, sich
dabei besser stehen, so wirkt dies dahin, dass sie es auch so
machen; denn der Bauer wird hauptsächlich vom materiellen
Vorteil bestimmt. ·

Die Güter oder Übel, an welche beim indirekten Willen
appelliert wird, brauchen nicht immer sinnlicher Art zu sein:
dass sie es so vielfach sind, kommt davon, dass unser leibliches
Leben in seinen Steigerungen und Minderungen uns so lebhaft
zum Bewusstsein kommt. Aber auch an unser Interesse für
Wissenschaft, Kunst, Staat, Moral, Religion kann in derselben
Weise appelliert werden. Was man gewöhnlich Macht des Willens
nennt, ist fast alles von solch indirektem Willen zu verstehen.
Befolgung des Rechtes, der Moral, der Religion soll alles durch
Hinweis auf diesseitige oder jenseitige Wohlfahrt bewirkt werden.
Viele Moralisten haben hiergegen geeifert, auch in der Religion
hat man den amor dei filialis weit über den amor dei servilis
gestellt, dieser ist Furcht vor der Hölle, jener Verehrung Gottes
um seiner selbst willen. Der indirekte Wille hat auch nur eine
begrenzte Macht; bei ihm ist stets vorausgesetzt, dass die Bethätigung,
welche er anregen soll, irgendwie als Anlage vorhanden ist. Durch
keine noch so grosse Anreizung kann man jemand Eigenschaften
geben, die er nicht irgendwie schlummernd und entwickelbar in
sich hat. Gewöhnlich muss sich beim indirekten Willen mit der
Anreizung zugleich Beispiel, Vorbild verbinden, an welche es nicht
zu schwer ist sich anzuschliessen. Überhaupt ist aber der indirekte
Wille nur durch Anschluss an einen andern da; sobald daher
dieser andere Wille oder der Anschluss an ihn gelockert ist, ist
nicht mehr auf ihn zu rechnen. Darum muss man immer versuchen, bei sich oder anderen, was anfangs etwa indirekter Wille
war, in einen direkten zu verwandeln. So thun wir vieles
ursprünglich bloss, um anderen gefällig oder nicht missfällig zu
sein; durch häufiges Thun kann aber das Wertgefühl der Sache
selbst so in uns geweckt werden, dass ein direkter Wille daraus
entsteht. Namentlich bei Kindern ist hierauf zu achten, dass sie
nicht bloss lernen um der Schule willen, nicht bloss ordentlich

sind den Eltern zu Liebe, sondern dass allmählich Freude am Lernen selbst entspringe und der Wert des rechten Handelns in sich gefühlt werde; aber ganz ist der indirekte Wille auch im späteren Leben nicht zu entbehren. Handelt es sich z. B. um Ablegung kleiner, aber eingewurzelter Gewohnheiten, so ist die Auferlegung einer geringen Geldbusse, so oft man wieder dabei ertappt wird oder sich selbst ertappt, oft von überraschender Wirkung, was natürlich unsere bürgerliche Gewöhnung voraussetzt, mit Geld sehr sparsam umzugehen.

Teils zur indirekten Herbeiführung eines Willens, teils zur Verstärkung eines direkten Willens dient die vorsätzliche Aufmerksamkeit. Von dieser hat man freilich in der gewöhnlichen Praxis eine sehr übertriebene Vorstellung, als ob sie die Zauberkraft sein könne, welche einen nicht vorhandenen Willen schafft oder einem schwachen Kraft verleihe. „Wenn du nur ernstlich wolltest", „wenn du nur Acht auf die Sache oder dich selbst gäbest", heisst es in diesem Sinne oft. Allein die Aufmerksamkeit kann weder schwache Sinne stark machen — jeder Kurzsichtige weiss das nur zu wohl —, noch geringe Begabung in ein grosses Talent verwandeln. Wenn den englischen Studenten so oft die Antwort vorgeführt wird, die Newton auf die Frage gab, wie er zu seinen grossen Entdeckungen gekommen sei, „dadurch, dass ich immer an die Sachen gedacht habe", so ist damit nur die unerlässliche Vorbedingung gekennzeichnet, und die Hauptsache fortgelassen, dass es nämlich Newtons früh hervorgetretene mathematisch-mechanische Begabung war, welche daran dachte. Wenn die blosse Aufmerksamkeit auf die Probleme die Lösungen brächte, so wären wir in allem weiter; an dieser hat es auch in den Zeiten irrtümlicher Lösungen nie gefehlt. Die vorsätzliche Aufmerksamkeit erfordert ausserdem, dass Aufmerksamkeit als unwillkürliche Bethätigung (ursprüngliches Interesse, spontane Beschäftigung mit etwas) oder als durch Vorbild geweckte Bethätigung (Sinn, Empfänglichkeit für etwas) schon mannigfach geübt und analog erweitert sei, so dass Aufmerksamkeit im bloss formalen Sinne als Richtung der beweglichen Kräfte des Geistes auf etwas mit momentanem Ausschluss von anderem entwickelt ist und auf Vorsatz sich merklich regt. Die vorsätzliche Aufmerksamkeit hat dann eine in Bezug auf das, dem sie sich zuwendet, anregende Wirkung, aber 1) sind die beweglichen Kräfte des Geistes, d. h. die Nervenkraft, welche dabei zur Verwendung kommt, selbst bei

verschiedenen Menschen sehr verschieden, es sind nicht alle
Menschen gleich intensiv und gleich andauernd der Aufmerksamkeit fähig, gerade wie die Ermüdbarkeit überhaupt individuell
verschieden ist, und 2) setzt die Aufmerksamkeit, wenn sie helfen
soll, stets voraus, dass eine gewisse Anlage für das, dem sie sich
zuwendet, da ist, und wenn diese Anlage gering ist, so kann man
wohl durch Aufmerksamkeit eine schrittweise Entwicklung derselben, nicht aber plötzlich eine grosse Entfaltung erwarten. Alle
Schwäche und alle Mängel der Menschheit mit manchen Moralisten
von ihrer Unfähigkeit zur Aufmerksamkeit abzuleiten, erhebt eine
Anklage, zu der kein Grund ist. Der Mensch vermag nichts als
vorhandene Aufgelegtheiten zu benutzen; allerdings muss man
auch solche Aufgelegtheiten zu wecken und intensiv und extensiv
auszubilden suchen, und das ist es, woran es oft fehlt, aber man
kann das immer nur in Anknüpfung an die vorhandenen Keime
und mit den uns zu Gebote stehenden Mitteln. Dagegen vermag
Aufmerksamkeit stets dazu mitzuwirken, dass eine irgendwie vorhandene Anlage allmählich mehr entwickelt wird, und ist stets
notwendig, um etwaiger Geneigtheit zur Abschweifung, zur Zer-
streutheit, zur Unachtsamkeit nach den verschiedenen Seiten unseres
Lebens entgegenzuwirken.

Auf Grund der Willenstheorie (S. 19 ff.) und der damit
stimmenden Auffassung der Nachahmung (S. 34 ff.) wird die
grosse Bedeutung verständlich, welche Gelingen und Misslingen
für die Willensbildung haben. Ursprünglich gelingt uns willkürlich
zunächst bloss, was sich zuerst unwillkürlich einstellte von Vorstellungen, Fühlen, Bewegungen und Kombinationen davon, entweder ganz spontan einstellte oder durch Vorbild angeregt.
Bei dem Versuch, spontanes Thun wieder zu erzeugen, sowohl als
bei der Anregung durch Vorbild kommt es nun häufig vor, dass
ein gewisses Bestreben zur Hervorbringung des Gleichen eintritt,
aber nicht sofort zum Ziele führt. Fehlt zum Gelingen nur wenig,
so führt das überwiegende Gelingen zu immer neuen Versuchen,
bis es ganz erreicht ist; fehlt aber viel, so ist Gefahr, dass wir zu
früh Misstrauen in unsere Kräfte setzen, und durch dies Misstrauen und seine Reflexionen selbst wieder den Trieb der Bethätigung hemmen. Das lehrreichste Beispiel ist das Gehenlernen
der Kinder: haben sie Glück bei ihren ersten, mehr instinktiven
Versuchen, so sind sie bald sicher darin; fallen sie dabei, so
rutschen sie wieder wochenlang und versuchen erst von neuem

das Gehen, wenn sie ihr Misslingen vergessen haben. Nichts macht ein Kind so glücklich, als wenn ihm etwas, gewöhnlich ihm selbst überraschend, gelungen ist; sie verfehlen nicht, es strahlend mit dem Wort zu melden: „ich kann etwas". Ihr Misstrauen ist oft im Bewusstsein grösser als in der That; sie sind wohl imstande zu sagen, wenn sie aufgefordert werden „Onkel Ludwig" zu sagen, zu erwidern: „ich kann nicht Onkel Ludwig sagen". Im heranwachsenden Leben ist es nicht anders. Es kommt in vielen Lebensbeschreibungen bedeutender Männer vor, dass sie zwar Talent in sich verspürten, aber der erste Wurf gelang nicht nach Wunsch, und so hatten sie lange mit dem Misstrauen als dem ärgsten Feind ihrer Gaben zu kämpfen, bis dies auf einmal, vielleicht ganz zufällig, überwunden war, und sie nun siegesgewiss ihre reiche Natur entfalteten. Auf allen Gebieten des Lebens erzeugen so die Versuche, welche nicht gelingen wollen, meist sehr schnell jenen Unmut, den Herbart die Schwindsucht des Charakters genannt hat. Besserungsversuche, welche die Menschen mit sich selbst anstellen, geben sie oft genug auf, weil die Besserung nicht schnell genug eintritt; sie schliessen: könnten sie gelingen, so würden sie schon gelungen sein, also ist mir so und so zu sein nicht beschieden, und dann lassen sie sich gehen.

Aus dem Gesagten erhellt die Wichtigkeit, die es hat, das Gelingen mit der Jugend zu üben und das anfängliche Misslingen überwinden zu lehren. Zu diesem Behuf muss man stets anknüpfen an bereits gelingende Vorstellungsreihen, Gefühle, Bewegungen und diese durch Übung stärken, dann an das so erlangte sichere Können neue Glieder anfügen, welche sich leicht an jene anschliessen, und diese wieder üben u. s. f. Wer es so macht, dem folgen die Zöglinge mit Begeisterung. Denn nichts entzückt die junge Seele so sehr, als die Lust an immer weiter und weiter sich ausbreitendem Gelingen. Das anfängliche Misslingen hängt vielfach davon ab, dass das Eintreten des Gelingens eine grosse Reihe von Zwischengliedern voraussetzt, welche alle erst gelungen sein müssen, ehe das intendierte Gelingen sich einstellt. Daher die Wichtigkeit der Vorübungen nicht bloss zu intellektuellen Auffassungen, sondern auch etwa zur Abhärtung, zum Ertragen von Strapazen, zu Beweisen hohen Mutes u. a. Vielseitige Übung des Gelingens ist das beste, was die Erziehung zu geben imstande ist. Zweierlei ist die Hauptsache: 1) vielseitige

Ausbildung des Thuns, d. h. der verschiedenen Arten von Bewegungen, denn ohne diese bleibt es bald beim Wünschen und
ergiebt keinen effektiven Willen; 2) vielseitige Ausbildung des
Vorstellens, denn ohne diese bleibt der Geist dürftig und ungelenk.
Auf diese Weise kann dem Misslingen vorgebeugt, dem Gelingen
Leichtigkeit vorausbereitet werden. Da indes ein Misslingen oder
ein geringes Gelingen auch wegen mangelhafter Anlage bleibend
sein kann, so ist besondere Achtsamkeit auf diesen Punkt zu
richten. Nicht massgebend z. B. für die Aussicht auf Erfolg ist
die innere eigene Freude an einer Beschäftigung; denn diese
Freude kann damit bestehen, dass alle übrigen Bedingungen eines
erfolgreichen Betriebes fehlen. Es kann jemand viel Freude am
Dichten, am Komponieren haben, aber was er hervorbringt,
braucht darum noch nicht geeignet zu sein, in Anderen Freude
hervorzurufen. Es ist nicht bloss in der Kunst so, auch sonst
findet sich oft genug, dass jemand meint, seine Leistung sei gut,
weil er an ihr mit Eifer und Anstrengung thätig war, während
andere, denen bloss das Resultat seines Thuns vorliegt, wenig
daran finden. Zum Beruf auch des Staatsmannes, des Feldherrn,
des Mannes der Wissenschaft, gehört nicht bloss ein Inneres,
sondern gar sehr auch ein Äusseres, eine äussere Technik und
objektiv hervortretende Leistungen. Die alten Chirurgen unterschieden ihre Schüler in solche, die mit beiden Händen geschickt,
die nur mit einer Hand geschickt, und die mit beiden Händen
ungeschickt seien. Freilich, um Ausgezeichnetes zu leisten, muss
zur Virtuosität im Äusseren innere Genialität oder Talent treten;
aber wo die äussere Seite nicht in solchen Anfängen da ist, dass
von ihnen ein bedeutender Fortschritt erreicht werden kann, ist
von der Berufswahl eher abzuraten.

Die Hauptgesetze der Charakterbildung.

Der Höhepunkt der Willensbildung ist, dass der Mensch einen
Charakter habe. Der Begriff des Charakters ist ein Zusammenwirken aller Hauptseiten menschlichen Wesens zu einer einheit-
lichen und dabei fest und grundsätzlich gewordenen Gesamtart.
Bei der Kompliziertheit menschlichen Wesens, und da jede Seite
an ihm wieder in besonderer Relation sehr verschieden entwickelt
sein kann (S. 36), ist Charakter zu haben gar nicht etwas Selbst-
verständliches. Im Altertum und Mittelalter war es leichter,

Charakter zu haben; im Altertum war alle Bildung politisch,
unter überwiegendem Einfluss der Staats-(Stadt-)gemeinde stehend,
im Mittelalter war sie Standesbildung (Ritter, Geistlicher,
Bürger, Bauer). Der einzelne hatte also die Bürgerart oder Sitte,
die Standesart oder Sitte (mores, ἦθος η) fest in sich aufzunehmen
und sich danach bleibend zu bethätigen, das war der Abschluss
auch seiner Willensbildung. Seitdem mit der Renaissance die
Individualität (eine besonders germanische Neigung) grösseren
Spielraum erhielt, ist einen Charakter zu haben oder ein Charakter
zu sein viel schwerer geworden; denn es ist nicht mehr eine von
anderen im Voraus für uns mitbesorgte Aufgabe, sondern ist von
jedem von neuem für sich zu lösen. Die hohe Bedeutung des
Charakters erklärt sich daraus, dass er dem Menschen etwas in
sich selbst Einstimmiges und relativ Fertiges giebt, was 1. überhaupt allein einer bedeutenden Wirkung fähig ist, 2. anderen die
Gewähr der Zuverlässigkeit und Stetigkeit im Zusammenwirken
bietet. Kindheit und Jugend haben noch keinen Charakter, da
sie die Zeit der Entwicklung sind, wo die mannichfaltigen Seiten
der Natur hervortreten und sich ausbilden, das gerade Hervortretende also immer etwas dominiert, und nur allmählich ein
Einordnen und Zusammenwirken der verschiedenen Seiten an-
gebahnt werden kann. Kindheit und Jugend sind aber darum,
dass sie keinen Charakter haben, noch nicht charakterlos; sie
können sehr wohl in Tendenz zu einem solchen begriffen sein,
anfänglich mehr geleitet dabei, nach und nach mehr mit-
wirkend dazu.

Für die Bildung des Charakters sind ausser den bisherigen
Regeln über die Willensbildung noch, sofern es sich um ein
Ganzes dabei handelt, besonders wichtig: 1. Manche Menschen
sind als Kinder oder im Knaben- und Mädchenalter schon geneigt,
sich in einer festen Gesamtart abzuschliessen: sie machen alles in
derselben Weise, gewöhnlich etwas altklug oder pedantisch, d. h.
auf eine Art Ordnung peinlich haltend, welche gar nicht die ein-
zige Art zu sein braucht. Sofern dies leicht zu einer gewissen
Dürftigkeit des Wesens führt, ist dem unter Schonung der besonderen Neigungen doch durch mannichfache Anregung von aussen
entgegenzuwirken. 2. Andere sind geneigt, sich in die jedes-
maligen äusseren Verhältnisse ganz zu verlieren, immer andere
und andere zu sein. Sie nehmen Manieren, Ausdrucksweisen,
Aussprache anderer ganz unwillkürlich an, so dass man sie oft

gar nicht wiedererkennt, wenn man sie 14 Tage nicht gesehen hat, und sie unterdessen neue Bekanntschaften gemacht haben, oder von einem kurzen Besuch auswärts zurückkommen. Dem ist entgegenzuwirken durch öftere Wiederzurückführung in dieselben Verhältnisse und Belebung einer mehr identischen Art zu sein. Wir müssen namentlich ihnen gegenüber immer dieselben bleiben, gelegentlich auch die Bemerkung machen: „wer wird denn alles immer gleich nachahmen?" u. a. f. 3. Phantasievollen Naturen fällt infolge ihrer starken und erregbaren Einbildungskraft immer anderes und anderes ein; daher ist ihnen leicht eigen Unentschiedenheit, wo es die Fassung bestimmter Entschlüsse gilt. Solche Naturen sind früh in Lagen zu versetzen, welche rasche Entschliessungen unausweichlich machen. Eine solche Natur war Halifax, der Staatsmann unter Jakob II. und Wilhelm von Oranien; er brachte mit seiner „akademischen" Manier, eine Sache immer wieder von neuen Gesichtspunkten zu betrachten, Wilhelm III., der früh an rasche Entschliessungen durch die holländischen und holländisch-französischen Verhältnisse sich hatte gewöhnen müssen, im Staatsrat zur Verzweiflung (MACAULAY). Zu diesen Naturen gehörte auch Goethe, und er selbst hat erklärt, dass ihm die Gelegenheit, früh sich zu entschliessen, gefehlt habe. Bei solchen Knaben thut es schon oft gute Wirkung, wenn sie gelegentlich auf mehrtägige Fusstouren geschickt werden ohne voraus festgesetzte Marschroute; sie lernen dann schon bald, sich irgendwo zum Mittagessen oder Nachtquartier zu entschliessen. 4. Gefühlsmenschen sind solche Naturen, welche überwiegend durch das affektive Moment in allen Verhältnissen, d. h. durch die Wertgefühle derselben in Erregung versetzt werden, so zwar, dass ein klares allseitiges gegenständliches Vorstellen und ein den bestimmten Verhältnissen angepasstes Thun davor zurücktritt. Der Zug ist in der Jugend sehr häufig, als Sturm- und Drangperiode in unserer Literatur vertreten. Ihm muss gleichfalls von früh an entgegengewirkt werden durch Belebung des klaren gegenständlichen Vorstellens und Gewöhnung an ein den Verhältnissen sich anpassendes Thun. Sehr nützlich ist es, von solchen öfter Bericht an Dritte erstatten zu lassen über gemeinsame Erlebnisse, wo man sie in ihren unwillkürlichen Streichungen und ihren instinktiven Färbungen kontrolieren kann. 5. Zur Festigkeit des Charakters gehört die Unabhängigkeit der Gesamtart des Menschen von Umgebung, besonderen Relationen, Stimmungen u. s. w.

Dieselbe ist allmählich zu erlangen nach den Regeln von S. 36 ff. Der Übergang in neue Verhältnisse ist ja im späteren Leben selbst immer eine Klippe für den Charakter, an der nicht wenige scheitern. 6) Zur Grundsätzlichkeit des Charakters gehört auch, dass er gegen Verlockungen zur Abweichung gesichert ist, dass er sich im Kampf mit solchen innerlich und äusserlich bewährt hat. Die instinktive Gesamtart muss eine von Reflexion, von Grundsätzen getragene geworden sein oder, wie Herbart es ausgedrückt hat, Charakter ist Wollen auf Grund des Nichtwollens. Daher muss man die eigne Art unterscheiden von anderen Arten und ihren Wert gegenüber anderen Arten erfasst haben. Aber stets muss erst die Gesamtart des Menschen in einem tüchtigen und doch nicht engen Familienleben Kraft in sich erlangt haben, ehe auf Widerstand gegen Verlockungen zur Abweichung gerechnet werden kann. Sehr wertvoll ist es, ehe man in die wirkliche Menschenwelt mit ihrer Mischung von Gut, Böse und Schwachheit eintritt, alles das im klaren Bilde kennen gelernt und sich in seiner Beurteilung geübt zu haben. Dies ist die Bedeutung einer klassischen, d. h. die Grundzüge menschlichen Wesens klar und doch edel darstellenden Literatur. 7. Die erworbene Grundsätzlichkeit des Charakters ist aber auch im späteren Leben keine absolute und bedarf in einzelnen Fällen noch der Behütung, etwa dass jemand Hasardspielen, Trinkgelagen aus dem Wege geht. Manche haben die klare Überzeugung von der Verderblichkeit der Glücksspiele, aber sie haben daneben Empfänglichkeit für den Reiz momentanen Wagens und möglichen Gelingens oder der abwechselnden Erregungen von Furcht und Hoffnung; sofern durch Zusehen diese Empfänglichkeit so könnte geweckt werden, dass jene Überzeugung von der Verderblichkeit dadurch zurückgedrängt würde, ist ihnen zu raten, sich von dem Zusehen fern zu halten. Überhaupt aber können viele Menschen sich wohl einer Sache ganz enthalten, aber, sobald sie sich ihr einmal hingegeben, nicht darin masshalten. 8. Es ist eine alte Streitfrage, ob Eigensinn bei Kindern künftigen Charakter anzeige und also zu dulden sei. Zunächst deutet Eigensinn nichts weiter an, als eine gewisse Festigkeit des momentanen Vorstellens, Fühlens, Wollens. Dies kann sich bald wieder geben und so trotz seiner Stärke nicht dauernd sein und nicht in Bezug auf denselben Gegenstand wiederkehren. Eigensinn ist in diesem Fall nicht Stärke, sondern Schwäche, Unfähigkeit von einem Vorstellen, Fühlen, Wollen los zu kommen. Durch Anregung eines

mehr mannichfaltigen und wechselnden Vorstellens, Fühlens, Thuns
ist hier entgegenzuwirken. Eigensinn kann aber auch das sein,
was Herbart Gedächtnis des Willens genannt hat, wo also unter
gleichen Umständen derselbe Wille wiederkehrt. Dies ist zu
schonen und zu begünstigen, jedoch darauf zu achten, dass nicht
Pedanterie entsteht, eisernes Festhalten an einem zufällig einmal
so oder so Stattgehabten, während anderes ebenso gut oder noch
besser wäre.

Das Formale des Charakters ist mitbedingt durch das Temperament; daher bei gleichem inhaltlichen Charakter (gleichen Zielen
und Bestrebungen) doch verschiedene Menschen sich oft noch
sehr verschieden darstellen. Das Temperament hat eine physiologische Basis an der dem Organismus eigenen Reizempfänglichkeit
oder Eindrucksfähigkeit, welche sowohl im Grade als in der Nachhaltigkeit bei verschiedenen Menschen sehr verschieden ist. Geringe
Reizempfänglichkeit, aber mit Nachhaltigkeit des einmal gemachten
Eindrucks ist das phlegmatische Temperament; viel Reizempfänglichkeit, aber ohne Nachhaltigkeit ist das sanguinische; viel Reizempfänglichkeit mit Nachhaltigkeit überwiegend nach Seiten äusserer
Thätigkeit ist das cholerische, überwiegend nach Seiten des Gefühls
das melancholische oder sentimentale Temperament. In Analogie mit
der Spaltung bei den beiden letzteren Temperamenten kann man aber
viel mehr Temperamente unterscheiden. In der That lassen sich
diese vielen in der Wirklichkeit aufweisen. Geringe Reizempfänglichkeit ohne Nachhaltigkeit ist die stumpfe und dabei zugleich fahrige
Geistesart, der wir öfter begegnen. Die geringe Reizempfänglichkeit des phlegmatischen Temperamentes samt der Nachhaltigkeit des einmal gemachten Eindrucks kann sich verschieden
wenden: bald werden mehr die Vorstellungen festgehalten, das
sind die Menschen, die schwer zu einem Gedanken zu bringen
sind, aber auch schwer von demselben wieder loskommen; bald
mehr das Gefühl, Phlegmatiker haben oft sehr tiefe Gefühle; bald
mehr die Bewegung, manche Menschen sind schwer in Gang zu
bringen, aber einmal darin, traben sie in demselben fest fort.
Viel Reizempfänglichkeit, aber ohne Nachhaltigkeit besonders nach
Seiten des Vorstellens giebt die momentan gute Auffassung, aber
ohne Gedächtnis und Erinnerung und daher auch ohne Ver-
arbeitung und Urteil. Derselbe Grundzug überwiegend nach
Seiten des Gefühls ergiebt die Menschen, welche alle Augenblicke
für etwas anderes schwärmen; überwiegend nach Seiten der

Bewegung (Handlung) die Naturen, welche immer neues anfangen und darum nichts recht zu Ende bringen. Endlich viel Reizempfänglichkeit mit Nachhaltigkeit überwiegend nach Seiten des Vorstellens ergiebt die lebhaften und ausdauernden Forscher, Denker, Künstler, je nach der Art des Vorstellens, welche jede von ihnen fesselt. Im späteren Leben, wenn diese verschiedenen Temperamente erst fest sich mit Inhalten des Vorstellens, Fühlens und Thuns verbunden haben, ist wenig an ihnen zu ändern, sie müssen dann selbst ihre guten und üblen Folgen tragen. In Kindheit und Jugend kann mehr geschehen. Da nämlich Temperament von Haus aus bloss einen Gradunterschied in der Eindrucksfähigkeit und Nachhaltigkeit des gemachten Eindrucks bedeutet, so liegt eben darin die Möglichkeit einer ergänzenden oder verstärkenden Einwirkung. Der stumpfen und fahrigen Geistesart insbesondere ist durch Hebung der Nervenkraft und Beachtung der Ernährungsverhältnisse des Körpers aufzuhelfen.

Für den Inhalt des Charakters, d. h. dafür, was der Grundzug in dem festen Zusammenwirken von Vorstellen, Fühlen, innerer und äusserer Bethätigung in uns wird, ist entscheidend, welche von den Hauptrichtungen menschlichen Lebens im einzelnen vorherrscht, was unzweifelhaft gerade wie das Temperament, seine physiologisch-psychologische Grundlage hat. Es giebt Menschen, deren Denken und Thun früh auf materielles Wohl im weiteren Sinne gerichtet ist, nicht notwendig bloss das eigene, und deren Denken und Thätigkeit von daher stets ihren Impuls erhalten. Bei Frauen erscheint diese Richtung oft in ihrem ganzen Wert; sie gehen früh auf das Nützliche, in diesem Sinne Praktische aus. Anderen erscheint praktische Bethätigung wie eine Art Selbstzweck: es sind die militärischen, technisch-künstlerischen, technisch-industriellen Naturen; sie bringen es gar nicht immer zu Vermögen, bringen vielmehr oft dabei materielle Opfer. Anderen ist Wissenschaft, Kunst, überhaupt geistiges Leben im engeren Sinne, oft in religiöser Form, das Höchste und von ihnen früh Gesuchte. Mit all diesen Hauptrichtungen verschmilzt von der Pubertät an noch das sexuelle Leben mit seinem Einfluss auf das ganze Denken, Fühlen, Streben. Es ist ein grosser Unterschied, ob jemand Erwerbsinn u. s. w. an sich hat, oder ob er erst freudig und mit ganzer Seele wirkt im Hinblick auf eine zu gründende oder gegründete Familie. Wie das sexuelle Leben unzweifelhaft physiologisch fundamentirt ist, so ist anzunehmen, dass auch die anderen Hauptrichtungen menschlichen Lebens in ihrer Verschiedenheit einen physiologisch-psychologischen Anknüpfungspunkt haben. Dies erscheint sehr deutlich bei den für Charakterbildung so schwierigen Naturen, bei welchen mehrere dieser Hauptrichtungen stark sind, aber nicht zusammenwirken, sondern isoliert gegen einander auftreten. Aus solchen entstehen die Kontrastnaturen, die bald Schlemmer, bald Asketen sind, bald aussergewöhnliche Thätigkeit entfalten, bald ganz träge liegen. Gegen solche etwa hervortretende Isolierung der Hauptsysteme muss in Kindheit und Jugend nach allen Regeln der Willens- und Charakterbildung versucht werden zu wirken. Saphir, der Humorist, hat von sich bekannt: „Die Mischung von Güte, Gemüt, Wohlthätigkeitssinn und Gastlichkeit mit Herbheit, Eigensinn, Trotz und zorniger Unbändigkeit, die in meiner Individualität Wand an Wand atmen und abwechselnd über meine Stunden und Tage, über Schritte und Worte herrschen, habe ich wohl von meinem Elternpaar." Ähnliche Gegensätze in abgeschwächtem Grade sind weit verbreitet; es ist schon viel bei uns, wenn das jemand von sich nur weiss und so eine Handhabe hat im erwachsenen Leben berichtigend inbezug auf sich selber zu verfahren. Im allgemeinen ist die Mannichfaltigkeit von Charakteren nach ihrem Inhalt an sich einer sittlichen Verwertung nicht fremd; denn der Inhalt des Charakters lässt sich in einen Beruf bringen, d. h. in ein überwiegendes Betreiben gerade dieses oder jenes Zweiges von Bethätigung infolge der Teilung der Arbeit; es hat also eine sittlich erlaubte Hingabe an den bestimmten Zug a potiori statt. Nur besteht die Gefahr, dass bloss jedem seine Art verständlich und sympathisch ist, wie denn ganz gewöhnlich der Krieger Gelehrte, Handwerker und Bauern verachtete, der Bauer und Handwerker in dem Gelehrten einen Müssiggänger sah, der Gelehrte oft einen Ungelehrten kaum als vollen Menschen gelten liess. Solche Einseitigkeit der Lebensauffassung kann verhütet werden dadurch, dass in der Jugendbildung der einzelnen alle Hauptrichtungen menschlicher Natur etwas entwickelt werden, etwa durch allgemeinen Unterricht bis zu einer gewissen Höhe, durch Betreiben von Gartenbau oder einer Technik im Knabenalter, durch allgemeine Militärpflicht, damit jeder auch die ihm von Natur fremdere Art mindestens verstehen kann; ausserdem muss die Einsicht geweckt werden, dass jede dieser Richtungen sittlich gewendet werden kann, und für den Bestand der Menschheit alle erforderlich sind.

4*

Selbst bei hoher Ausbildung des Charakters sind wegen der Kompliziertheit menschlichen Wesens und der Mannichfaltigkeit seiner Erregungen zeitweilige Schwankungen und die Gefahr der Abweichung nicht ausgeschlossen. Im Drang vieler und notwendiger Bethätigungen kann eine Seite unseres Wesens, von der wir wissen, dass sie, um wirksam zu sein, stets einer gewissen Übung bedarf, zeitweilig müssen vernachlässigt werden. Praktische Naturen z. B. bedürfen in ihrer Freizeit einer gewissen Beschäftigung der Intelligenz, sonst regen sich während der Musse bloss die animalischen Begehrungen; umgekehrt bedürfen theoretische Naturen in der Freizeit einer gewissen praktischen Bethätigung, sonst geht es ihnen ebenso. Es kann nun sehr wohl vorkommen, dass beide Naturen einige Zeit auf solche Ausfüllung der Musse nicht achten konnten, dann wird leicht ein Widerstreben gegen deren Wiederaufnahme sich fühlbar machen, oder sie werden sich plötzlich auch in der Musse sinnlichen Trieben von ungewohnter Heftigkeit gegenüber finden. Andere Seiten unseres Wesens bedürfen etwa stets einer gewissen Niederhaltung; wir haben geglaubt, diese fortwährend zu üben, da stellt sich plötzlich heraus, dass, vielleicht sehr indirekt, eine solche Seite sogar eine wie dafür gemachte Anregung durch die Umstände erhalten hat. Oft ist es auch Folge eines schwierigen Naturells oder mangelhaften Erziehung, dass solche Fälle nicht bloss gelegentlich, sondern mit einer gewissen Regelmässigkeit wiederkehren. Vorübergehende Abweichungen vom Zustand des im Charakter gewonnenen Ganzen und Festen stellen sich dar in den Affekten (Herbart), fest und stark gewordene verkehrte sinnliche oder auch geistige Begierden in den Leidenschaften (Ders.). Die alten Ratschläge für beide sind: 1. im Moment der Erregung und des Schwankens die Entscheidung, also auch die That aufzuschieben; 2. die Aufmerksamkeit von der Versuchung abzulenken. Diese Regeln haben einen physiologischen Anhalt daran, dass es Hemmungsnerven und Hemmungsnervenzellen giebt (Rosenthal, Allgemeine Physiologie der Nerven und Muskeln S. 263, 277 u. 8). Von da aus kann die Atombewegung gehemmt werden, die Reflexbewegung gehemmt und sogar unterdrückt werden (Niesen, Husten, Gähnen). Analoges findet sich durch das ganze geistige Leben. Der Hergang ist auch hier so, dass, wie die Bethätigungen, so auch die Hemmungen zuerst unwillkürlich auftreten; wir können uns aber den geistigen Zustand

merken, wie er bei der Hemmung war, wenn auch nur in dunkler
Weise. Durch Wiedererzeugung dieses Zustandes können wir
rückwärts die Hemmung herbeiführen, zum Teil schon bei den
automatischen Bewegungen (langsamer atmen), noch mehr bei den
Reflexen (Husten, Gähnen). Auch im bewussten Geistesleben
treten die Hemmungen früh unwillkürlich ein, oft sehr indirekt.
Ein Kind schreit, wird aber abgelenkt durch einen neuen Anblick
oder eine zufällig vorbeikommende Musik. Belohnung und Strafe
sind oft Hemmungsmittel, Belohnung z. B. dafür, dass man etwas
unterlässt, Strafe etwa, damit man der Naschlust nicht nachgebe.
Vernünftige Motive im gewöhnlichen Sinne, also Erwägungen,
welche die Zukunft und die Folgen auf Grund der Vergangenheit
hereinziehen, gehören zu den Hemmungsmitteln.

Am leichtesten ist es, die äussere Bethätigung zu hemmen,
so lange sie sich erst als blosse Tendenz regt; vielleicht, weil die
Muskeln eine grössere Beharrungskraft haben als die Nerven, also
langsamer in Aktion geraten (Rosenthal, S. 146); eben darum ist
es aber auch schwierig, ein einmal begonnenes Thun anzuhalten.
Zuckt es bloss in der Hand, so ist der Schlag noch leicht zu
hemmen, und wir sind in solchen Hemmungen geringer Bo-
wegungstendenzen sogar sehr geübt, aber die bereits zum Schlag
erhobene Hand widerstrebt gewissermassen dem, sich wieder zu
senken: „wir können uns nicht mehr halten; jetzt mag es
geschehen; es ist zu weit, um zurückzugehen." Im Völkerleben
ist es in dieser Hinsicht nicht anders. Sobald der erste Schuss
gefallen, ist der Krieg, dessen Ausbruch vielleicht noch zu ver-
hindern gewesen wäre, unvermeidlich geworden. Eine bereits
begonnene Aktion zu hemmen ist Schmerz sehr wirksam, da er
die Kräfte mindert. So bei Kindern und ihrer Unruhe, aber
analog ist er auch bei Erwachsenen zu gebrauchen. Die Knaben
dämpfen sich unter einander, indem sie sich balgen; viele
Menschen verlieren bloss dadurch ihr Ungestüm, dass sie öfter,
und nicht bloss im bildlichen Sinne, anrennen. Wer einmal zur
Bethätigung erregt ist, dem ist zu raten, nicht schon zufrieden zu
sein, wenn ihm die momentane Hemmung gelungen ist, sondern
sich aus der Nähe des erregenden Gegenstandes wegzubegeben,
ev. seinem Bewegungstrieb in anderer Weise Ableitung zu verschaffen, etwa durch eine saure körperliche Arbeit. Der Trieb,
eine einmal in Affekt oder Leidenschaft begonnene Bethätigung
zu vollführen, ist ja in aktiven Naturen so stark, dass, wo sie

nicht direkt beikommen konnten, sie mindestens in effigie den Übelthäter hängten, verbrannten u. s. f.

Viel schwieriger ist es, den Gedankenlauf zu hemmen. Hier gilt es, in ruhigen Zeiten grosse und wichtige Gedankenmassen ausgebildet zu haben, so dass sie leicht und mit einer grossen Stärke aufgeboten werden können: „Es geht gegen meine Grundsätze, im Zorn zu entscheiden". „Man muss auch die andere Seite hören." Oft wird es nötig, um die Gedanken erfolgreich abzulenken, noch Unterstützung durch ableitende Muskelbethätigung zu suchen. Bei dem Manne ist ernste, alle Kräfte auf sich ziehende Berufsarbeit hier wirksam; wo diese wenig Körperbewegung enthält, muss dieselbe besonders zugefügt werden. Bei der Frau ist mehr Zerstreuung notwendig, weil sie bei der weiblichen Art von Arbeit noch viel Raum hat, ihren Gedanken nachzuhängen.

Am schwersten ist es, die Gefühle zu hemmen, da diese durch ihre Einwirkung auf das vegetative System (Atmung, Blutumlauf, Ernährung u. s. w.) sofort die ausgebreitetste physiologische Basis gewinnen. Selten hilft hier das blosse Aufbieten von Vorstellungen. Das abe aufsagen, wenn man in Zorn geraten ist, verliert schnell seine ableitende Kraft; man sagt es auf, aber der Zorn bleibt. Mehr Hilfe bietet Ableitung durch Gegengefühle. Zorn kühlt sich ab, wenn der, welcher ihn erregt hat, dumm und albern erscheint. Sehr oft müssen Muskelbewegungen zuhilfe genommen werden; so verläuft man sich die unbestimmte Niedergeschlagenheit, welche manchmal aus organischen dunklen Ursachen entspringt, leicht durch einige Stunden spazierengehen in Feld und Wald. Da die Gefühle besonders durch ihre physiologische Verbreitung haften, so sind besonders solche Muskelbewegungen zu wählen, welche indirekt andere Vorstellungen und Gefühle erwecken und dadurch den gerade wogenden und wallenden Abbruch thun. So richtet man den Verzagten auf, indem man ihm Gelegenheit giebt, etwas zu thun, was er gut kann, und was wertvoll ist; dadurch entsteht ihm wieder Kraftgefühl. So dämpft man den Übermütigen, indem man ihn zu etwas auffordert, worin er schwächer ist. Was andere so an uns fertig bringen, das können wir analog auch an uns selbst vollführen. Wo nichts helfen will, da bleibt nichts übrig als die That, zu welcher die Gefühle etwa drängen, zu hemmen und diese dann sich in sich selbst austoben zu lassen, was, je

heftiger sie sind, wegen der physiologischen Erschöpfung um so
schneller gelingt.

Die Ausbildung der moralischen Haupteigenschaften.

Bisher ist von der Willensbildung im Allgemeinen gehandelt
worden, von den Gesetzen des effektiven Willens, die da Geltung
haben, welches auch der Inhalt des Willens ist. Nach ihnen hat
sich auch die moralische Willensbildung zu richten. Wir nehmen
dabei als allgemein zugestanden an, dass das Eigentümliche der
moralischen Bildung ist, dass mit der Entwicklung der physiologisch-psychologischen Anlagen des Kindes das Kind zugleich
lerne, alle anderen Menschen sich als gleich fühlen und darnach
handeln. Das Erste sind auch hier unwillkürliche Bethätigungen,
entweder ganz spontan, oder durch Vorbild angeregt. Solche
moralische Anlagen hat man daher auch immer statuiert, und sie
finden sich in weitem Umfang. Wo sie fehlen, ist eine eigentliche moralische Bildung nicht möglich. So kommt bei Idioten
und Stumpfsinnigen (SOLLIER) der Wille überhaupt nicht zustande
wegen der Verkümmerung der intellektuellen und affektiven
Fähigkeit (Gefühle). Doch zeigen sich bei guter Behandlung,
z. B. in den Idiotenanstalten, die meisten idiotischen Kinder gut-
mütig, folgsam, heiter und gesellig bei harter Behandlung werden
sie erbittert und bösartig. Infolge der Anregung Lombroso's und
zugleich im Widerspruch zu ihm sind die Psychiater und Gefängnis-
ärzte darüber einig, dass ca. ein Drittel Verbrecher Gewohnheitsverbrecher sind, d. h. dass bei ihnen das für gewisse Handlungen
von Seiten des Staates angedrohte Strafübel weder als Hemmung
(präventiv), noch in seinem Vollzug als Umänderung (Besserung)
wirkt, sie verfallen immer wieder in dieselben Vergehungen. Sie
sind daher antisocial und unter besonderer Leitung in ab-
gesonderten Anstalten zu halten, keineswegs immer von Neuem
auf die rechtlich-moralische Gesellschaft loszulassen, gerade
wie es auch Arbeitshäuser geben sollte für solche, welche,
ohne verbrecherisch gesinnt zu sein, doch einer steten
strammen Leitung bedürfen und dies auch wissen (Vagabunden).
Doch dies kommt erst später zu Tage; im Allgemeinen darf, wo
die gewöhnliche geistige Art vorliegt, auch zunächst für die
gewöhnliche moralische Anlage vermutet werden. Aus den unmittelbaren Regungen, wie sie oben angesetzt sind, entwickelt sich

dann erst bewusstes moralisches Handeln, d. h. Bethätigung auf Vorstellung und Wertschätzung hin (S. 26 ff.). Dieser moralische Wille bedarf zu seiner Kräftigung und Erhaltung fortwährender Übung (S. 31 ff.). Unabhängigkeit der moralischen Willensakte von Ort, Zeit, Stimmung, Umgebung u. a. w. muss angestrebt werden (S. 36 ff.). Wo nach irgend welcher Seite ein direkter moralischer Wille weder spontan noch auf Vorbild sich einstellt, kann ein indirekter versucht werden, ev. durch Strafe, Belohnung, Hoffnung, Furcht, muss aber womöglich in einen direkten verwandelt werden (S. 39 ff.). Moralische Aufmerksamkeit, helfende und behütende, muss geweckt werden (S. 42 ff.) Gelingen der moralischen Bethätigung ist zu üben, dem Misslingen vorzubeugen (S. 43 ff.). Ein moralischer Charakter muss gebildet werden (S. 45 ff.) und die Mittel gegen Abweichung von demselben bereitet sein (S. 52 ff.). Da es im Moralischen auf die Bethätigung ankommt, welche mit Vorstellung und Wertschätzung (beide zusammen machen als bleibend die Gesinnung aus) keineswegs von selbst gegeben ist (S. 26 ff.), so ist die richtige Methode der moralischen Erziehung die durch Beispiel, d. h. lebendiges, thätiges Vorbild der Umgebung unter Berücksichtigung der obigen Detailregeln. Insbesondere muss jedes neue „Soll" (Ideal, sittliche Forderung) die Kraft zu seiner Verwirklichung schon im Voraus bereitet finden (S. 43 ff.). Wegen der verstärkenden Wirkung des Gleichen, und weil niemand nach allen Seiten gleich sehr spontan ist (S. 34 ff.), bedarf aber auch der Erwachsene immer einer Gemeinsamkeit des moralischen Lebens (Familie, gesellschaftliche Sitte, Staat, Kirche oder verwandte Vereine). Die moralische Theorie ist nur ein Anregungsmittel neben anderen, sie kann aus sich die moralischen Kräfte nicht geben (S. 26 ff.), aber sie hat denselben hohen Wert wie eine Theorie des Denkens, der wissenschaftlichen Methode, der schönen Künste. Sie erhebt das Unmittelbare oder durch Vorbild Geweckte zu klarer Reflexion, vergleicht es mit Verwandtem, wird ein Wegweiser zu selbständiger Ausdehnung und analoger Erweiterung.

Die Haupteigenschaften, welche entwickelt werden müssen zur moralischen Lebensführung (S. 55) sind Thätigkeit, Wohlwollen und praktische Verständigkeit inbezug auf Ursache und Wirkung, Zweck und Mittel. Ohne Thätigkeit kann nicht einmal das eigene Leben erhalten oder gar entwickelt werden. Arbeit zusammen mit geeigneter Ernährung erreicht allein das Höchste im Menschen.

„Die höchste Leistungsfähigkeit ist nur bei reichstem Eiweiss-
umsatz und bei dauernd arbeitenden und wieder ausgeruhten
Männern zu finden. Ruhe und Ersparung der angesammelten
Kraft schädigt die Leistungsfähigkeit" (PFLÜGER). „Geistige Anstrengung steigert bei geringer Dauer die Erregbarkeit des Nervensystems, bei längerer Dauer schwächt sie die Erregbarkeit der
Nerven und Muskeln" (MOSSO). Es ist daher bei geistiger Anstrengung stets ein gewisses Masshalten erforderlich. Wohlwollen
macht, dass wir fremdes Sein innerlich nachbilden und seine
Wertgefühle teilen; dies ist unerlässlich, um überhaupt mit
Menschen zu leben und als uns gleichen zu verkehren. Praktische Verständigkeit geht darauf, dass wir die menschliche sowohl
wie die äussere Natur nie anders als nach ihren sicher erkannten
Gesetzen behandeln. Naturae non imperatur nisi parendo, gilt
nicht nur von der technischen Naturbeherrschung, sondern auch
von der erfolgreichen moralischen Bildung des Menschen (S. 56 ff.).
Diese Eigenschaften müssen daher geweckt und durch Übung zur
Sicherheit und Leichtigkeit gebracht werden, sowohl was Bethätigung als solche, wie was die dazu gehörigen Vorstellungen
und Wertschätzungen betrifft. Vorgearbeitet kann einer solchen
moralischen Erziehung schon sehr werden durch die Behandlung
der kleinen Kinder. Es ist daher auf einige Punkte in derselben
mit Nachdruck hinzuweisen, ehe wir zu den Detailregeln für Entwicklung jener drei Haupteigenschaften gehen.

Regel bei der Willensbildung des Kindes muss sein, aus dem
mannigfaltigen, was sich unter der erforderlichen leiblichen Pflege
von unmittelbaren Bethätigungen regt, das nach der Erfahrung
der Erwachsenen beste zu begünstigen, damit es wiederkehre und
sich Vorstellung und Wertschätzung anfangs dunkel, dann deutlich so daran anschliesse, dass auch rückwärts auf diese Vorstellung und Wertschätzung die bez. organische oder psychische
Thätigkeit eintritt. So bringt man es dahin, dass z. B. die Kinder
gut trinken lernen, auf Reinlichkeit halten, Bewegung, frische
Luft wollen u. s. w. Wenn sich kleine Kinder verunreinigt haben,
so ist dies für sie zunächst eine unangenehme Zustandsänderung
in Bezug auf Hautempfindung. In Folge derselben schreien sie.
Achtet man darauf und legt sie trocken, so beruhigen sie sich.
Aus alledem bildet sich sehr bald heraus, dass sie jedesmal das
Signal für Reinlichmachung geben. Überhört man ihr Geschrei
gleich anfangs, so stumpft sich das Gefühl für diese Zustands-

änderung in ihnen ab, und es wird ihnen sehr bald in der Unreinlichkeit sogar behaglich, wie es ja ganze Völker giebt, die sich in Schmutz wohlfühlen. Durch die Begünstigung des Besten und seine Herausbildung wird das Schlechtere von selbst geschwächt und eventuell verdrängt, oder auch es wird das Bessere von selbst herbeigeführt dadurch, dass man auf das Schlechtere nicht eingeht. Ein Kind soll etwa nach dem Arzt alle 2 Stunden Nahrung haben, es fängt aber nach 1½ Stunden an nach solcher zu schreien; dann lasse man es schreien bis zur festgesetzten Zeit. Ist das zwei-, dreimal geschehen, so wartet das Kind von selbst ruhig bis dahin. Giebt man dagegen nach, so bildet sich rasch in den Kleinen die Gewohnheit, erst bei Hunger, dann analog bei jeder körperlichen oder psychischen Unruhe so lange zu schreien, bis ihnen ihr Wille gethan ist, und giebt man da immer nach, so ist der Tyrann fürs Haus fertig und die Selbstbeherrschung im späteren Leben erschwert, wenn nicht von vornherein verloren. Jene Methode genügt aber nicht immer, sondern oft ist das Schlechtere auch durch positive Gegenwirkung zu unterdrücken. Kinder sind oft heftig, ungestüm, schlagen dabei um sich, kratzen u. s. f. Es ist das an sich eine blosse Erweiterung der Gefühls- und Bewegungsunruhe, welche bei Unbehagen leicht eintritt. Mangel z. B., so lange dabei die Natur noch kräftig genug ist, um lebhaft davon erregt zu werden, macht ungestüm und bei entgegentretenden Hindernissen böse; in einem Heer, das schlecht verpflegt wird, lockert sich die Disziplin und es wird räuberisch. Das Umsichschlagen, Kratzen u. s. w. der kleinen Kinder entsteht daher teils als eine Art der Mitbewegung bei lebhaftem inneren Gefühlszustand, teils als eine körperliche Ausgleichung inneren Unbehagens, wie ja auch Erwachsene ihren Unmut, ihre Verstimmung oft nicht verbergen können. Im Kinde ist solchem Thun entgegenzuwirken durch Liegenlassen in diesem Zustand, bis er sich ausgetobt hat; hilft das nicht, so sind müssige, aber empfindbare Schläge auf Hand, Fuss, Mund u. s. w. unerlässlich. Die Wirkung solchen Schmerzes beruht darauf, dass derselbe das Kraftgefühl überhaupt mindert und zugleich der Art von Bewegung, wie sie in Händen, Füssen u. s. w. gerade waltet, direkt entgegenwirkt.

Sehr zu verhüten ist bei Kindern nervöse Überreizung. Die Kleinen sind abends müde und würden, sich selbst überlassen, einschlafen. Wer sie dann aus dem Bette nimmt, herumträgt tanzen lässt, zum Licht führt, sonst allerlei Erregendes mit ihnen macht, dem widerstehen sie selten dadurch, dass sie trotzdem einschlafen, sondern wie die Erwachsenen, wenn sie müde sind, durch Reize auf die noch vorhandenen Kräfte sich einige Zeit länger aufrecht erhalten können, so hat das Kind infolge des lebhaften Wachstumes hierfür stets einen starken Vorrat von mehr latenten Kräften. Freilich folgt dann nach einiger Zeit um so grössere Abspannung, verbunden mit der Schwierigkeit, Ruhe zu finden. Dieses Verfahren erzeugt künstlich im Kinde das nervöse Temperament, das nur bei heftigen Reizen sich wohl fühlt, dann aber jedesmal in eine um so grössere Prostration verfällt. Wem als Kind Heftigkeit auch bei dem kleinsten Unbehagen und das Ungestüm der ganzen Art nicht abgewöhnt ist, und wem Erregtheit zur Unzeit künstlich beigebracht wurde, dem hängt dies alles sein Lebenlang nach, es wird ein Teil seiner festen organischen und psychischen Grundstimmung, dem später meist nur durch Palliativmittel beizukommen ist.

Bei zweckmässiger und für Wachstum ausreichender Ernährung entstehen im Kinde bald mannichfache Muskelbewegungen und Sinnesbethätigungen; diese („Spiele") sind in geeigneter Weise zu begünstigen, aus ihnen entwickelt sich Lust an und Verlangen nach Thätigkeit und Wahrnehmung mit allen Folgen derselben. Zu vermeiden ist dabei 1) Überfütterung, weil sie durch übermässige Heranziehung des zirkulierenden Blutes für die Verdauung die übrige Muskel- und Nervenbethätigung beeinträchtigt, so an passives Geniessen gewöhnt und einen physiologischen Anknüpfungspunkt für Faulheit und Trägheit schafft. Wie der Erwachsene nach dem Essen zum Denken sowohl als zur anstrengenden Muskelarbeit nicht aufgelegt ist, wie solche Anstrengungen dann sogar schädlich sind für seine Gesundheit, so sind übermässig ernährte Kinder beständig in diesem Zustand und sträuben sich daher naturgemäss gegen alles, was die Verdauung stört, sie sind sowohl denk- als bewegungsfaul. 2) ist zu vermeiden ein Überwiegen von Erregungsmitteln in der Ernährung (Näschereien); dasselbe erzeugt einen physiologischen Hang zu solchen, und überdies oft durch analoge Ausdehnung sinnliche Lüsternheit überhaupt, namentlich die sexuellen Triebe werden bei solcher Gewöhnung früh und heftig geweckt. Locke hatte ganz recht, zu urteilen, dass, wer als Knabe an Näschereien gewöhnt sei, als 19jähriger Mensch es ganz selbstverständlich finden werde, nach Wein und Weibern zu verlangen.

Schmerz, körperlicher und geistiger, ist dem Kinde möglichst zu ersparen wegen der noch geringen Widerstandskraft seines organischen und psychischen Lebens. Dagegen sind aushaltbare natürliche oder sittlich unvermeidliche Leiden, z. B. Trauer über eine abgeschlagene Bitte, bis sie sich von selbst verliert, durchaus sogar wünschenswert. Geduld und Entsagung werden nicht anders gelernt als dadurch, dass sie erfahren und geübt werden. Hierin verwöhnten Kindern ist später jedes Leiden, jede Vorenthaltung eines Lieblingswunsches unerträglich, der körperliche und der geistige Organismus adaptieren sich dann nur schwer oder gar nicht. Gewaltskuren körperlicher oder geistiger Art an sich zu vollbringen, wie sie jedem Menschen Pflicht werden können, sind solche als Erwachsene meist unfähig. Es soll extreme Fälle gegeben haben, dass verwöhnte Kinder an Nichterfüllung eines Wunsches gestorben sind. Wie wenig die Menschen im allgemeinen für heftige Kuren vorbereitet sind, sieht man daran, dass nur die wenigsten es fertig bringen, eine Leidenschaft, deren Verderblichkeit sie einsehen, oder die zufällig entstandene Gewöhnung an Opium, an Morphium wegzubringen. Möglich sind solche Überwindungen wohl, aber es sind Gewaltskuren: es entsteht dabei einige Zeit eine völlige Revolution in Leib und Seele, alles strebt dagegen, sich die gewohnten Gefühle und Erregungen rauben zu lassen, sodass der Gedanke kommt: ich gehe über den Versuch des Verzichtes sofort zu Grunde, also lebe ich immer noch besser etwas länger mit Beibehaltung jener Gewohnheit. Hätten solche Menschen in früher Jugend gelernt, dass man ähnliche Zustände sehr wohl überdauern kann, so würden sie vor derartigen Kuren nicht so zurückschrecken, wie es überwiegend geschieht.

Wir knüpfen nunmehr die Ausführung davon, wie die Eigenschaften der Thätigkeit, des Wohlwollens und der praktischen Vorständigkeit zur Entfaltung zu bringen sind, an die oben gemachte Bemerkung an, dass bei der gehörigen leiblichen Pflege sich im Kinde früh Muskel- und Sinnesbethätigungen mit einer gewissen Selbständigkeit regen. Zunächst zeigt sich dies als Spiel, d. h. als solche unwillkürlichen und bald auch willkürlichen Bethätigungen, von denen jeder Akt Lust ist. Die Spiele haben ganz überwiegend etwas von künstlerischer Bethätigung in sich: die aufgenommenen Empfindungseindrücke werden zu lustvollen Phantasievorstellungen, welche sich selbst wieder in freie Nachgestaltungen der Umgebung und des Thuns der Erwachsenen umsetzen, wobei fast alle Dinge als beseelt behandelt werden. Diese Grundzüge der Kinderspiele darf man nicht stören; man muss nur darauf achten, dass solche Spiele begünstigt werden, welche die Kräfte der Kinder am meisten entwickeln, und muss nach und nach ein Moment der Arbeit hineinbringen, d. h. solcher Bethätigung, die zu einem wertvollen Endergebnis führt, und bei der um des wertvollen Endgliedes willen ev. auch Mittelglieder gern übernommen werden, die mit Unannehmlichkeiten verbunden sind. Im früheren Kindesalter sind die Fröbelschen Kinderbeschäftigungen mit zu benutzen, im späteren der Handfertigkeitsunterricht.

Der Zug zur Arbeit entwickelt sich in gesunden und kräftigen Kindern unter solcher Hülfe der Erwachsenen meist von selber; er muss in aller Weise geübt werden (S. 91) und soweit er nur schwach auftritt, ist ihm nach den Regeln (S. 34 ff.) nachzuhelfen. Vielen wird so die Arbeit, geistige und körperliche, selbst Genuss und Lebensbedürfnis, vielen bleibt sie stets lästig, aber der Wert des Zieles und die Übung lässt sie die Mühseligkeit willig übernehmen. Es giebt an sich thätige Naturen, die immer etwas treiben müssen, oft ist ihnen gleichgültig, was. Es giebt sodann Naturen, die, sobald ihnen etwas als wertvoll erscheint, in Tendenz zur Realisierung geraten, geschehe die Realisierung durch überwiegend geistige oder überwiegend leibliche Thätigkeit. Es giebt andere, welchen zwar etwas sehr wertvoll dünkt, aber die Kräfte zur Realisierung regen sich in ihnen langsam. Diesen muss besonders von Seiten der Bethätigung nachgeholfen werden, damit das aus sich trägere Muskel- und Nervensystem viel geübt werde und so eine Leichtigkeit seiner Erregung erlange, welche von Natur nicht da ist. Sittlich können alle diese verschiedenen Naturen gleich sehr sein. Die letzteren scheinen zwar es schwerer zu haben, aber dafür sind die mittleren zur Übereilung geneigt; sobald ihnen etwas wertvoll dünkt, machen sie sich an die Verwirklichung, was bei verwickelten Fällen oft die mehrmalige Überlegung und ruhige Erwägung ausschliesst. Die ersteren aber glauben oft sittlich zu sein, bloss weil sie thätig sind, und versäumen die Hineinarbeitung der beiden anderen sittlichen Haupteigenschaften in ihre Thätigkeit.

Dass der Mensch Anstrengungen, sowohl geistige (genaues Denken) als körperliche (schwere Muskelarbeit), so oft scheut, kommt davon, dass beide soviel Nervenkraft und Muskelkraft verbrauchen, wie dies die Ermüdung des Gehirns beim Denken zeigt, die sich sogar den Muskelkräften mitteilt (S. 6), und die rasche Abnahme des Körpergewichts bei schwerer Muskelarbeit in der Hitze. Es ist also früh für Muskel- und für Nerven- kräftigkeit zu sorgen, andcrenfalls ist der Monsch nur leichter körperlicher und geistiger Arbeit fähig, ermangelt des Mutes und der Selbständigkeit und neigt zu ängstlichen und schreckhaften Vorstellungen. Ebenso ist die Stetigkeit bei der Arbeit früh zu üben, d. h. ein Ausdauern bei einer bestimmten Thätigkeit mit einem bestimmten Ziel, denn sie allein ist von nützlichem Erfolge; auch hierfür ist die Nachhaltigkeit der Kräfte Voraussetzung. Schwere geistige und körperliche Arbeit gehen nicht nebenein- ander. Ausserdem muss die Ermüdbarkeit berücksichtigt werden, welche individuell verschieden ist und in ihrer individuellen Art durch Übung nicht ganz zu beseitigen.

Dass Fleiss, Gewöhnung an nützliche Thätigkeit ein Haupt- segen der Erziehung sei, ist stets anerkannt worden. Wo dies ver- säumt worden ist, da kann sich vereinzelt doch später eine grosse Bethätigung einstellen, falls die Anlage zu einer solchen reichlich vorhanden ist, und es früher bloss an der geeigneten Anregung und Umgebung fehlte. Im allgemeinen ist aber das hier in der Erziehung Versäumte schwer einzubringen. Meist genügt nicht die allmählich gewonnene Einsicht, dass ein nützlicher Beruf allein den Menschen wertvoll macht; diese Einsicht ersetzt nicht die fehlende Übung. Gewöhnlich hilft hier nur der Anschluss an eine Gemeinschaft, die durch ihr Beispiel nützlicher Thätigkeit den Menschen mit fortzieht, indem sie seinen schwach gebliebenen Trieb zu nützlicher Thätigkeit immer wieder wachruft. Menschen, die ihren Unterhalt verdienen könnten, aber es aus Trägheit vor- ziehen, vom Bettel u. s. w. zu leben, sind event. durch Rechts- zwang zur Nichtbelästigung anderer und also zur Arbeit anzuhalten (Arbeitshäuser).

Das Wohlwollen muss bei der Thätigkeit, damit sie eine sittliche sei (S. 57), immer schon mit dabei sein. Zu ihm gehört zuoberst, dass der Mensch sich als einen unter vielen in allen wesentlichen Stücken ihm Gleichen fühle, mit allen Folgerungen für Denken und Thun, die sich daraus ergeben. Die Möglichkeit hiervon erklärt sich nach S. 35. Es liegt darin nichts besonders Mysteriöses. Dass trotzdem im Menschen durchschnittlich die eigene Art überwiegt (naiver Egoismus), kommt davon, dass jeder unmittelbar nur sich selbst empfindet, bei anderen aber erst nach deren leiblichen Äusserungen, wozu auch die Worte gehören, ihre inneren Zustände in sich nachbilden muss. Daher ist nicht nur die unmittelbare Selbstempfindung meist stärker als das Mitfühlen mit anderen, sondern es ist auch die besondere Gefahr da, den anderen nach sich zu deuten, wodurch das Wohlwollen oft mehr störend als helfend wirkt. Es ist also auf die richtige Ausbildung des Wohlwollens das allergrösste Gewicht zu legen.

In einer wohlgeordneten Familie lernt das Kind unter Beachtung der Regeln S. 56 auf Grund gerade der Familien-ähnlichkeit dies ohne besondere Schwierigkeit. Die Familien-ähnlichkeit macht das Nachbilden von einander und das Ineinanderversetzen leicht, ausserdem sind die Gelegenheiten zu sehr vielen Nachbildungen und zu allen wesentlichen in der Familie gegeben. Es ist darum auch gar kein seltener Fall, dass der Mensch dahin gebracht wird, in sein Thun und Lassen ideell die Familie immer mit aufzunehmen, es ganz selbstverständlich zu finden, dass er sich immer fragt: „Was werden Vater und Mutter dazu sagen oder deine Geschwister?“ Die Rücksicht auf die Eltern wirkt oft über das Grab hinaus, die Erinnerung an sie greift in verwickelten Fragen so durch, als wären sie noch da. Hauptsache dabei ist, dass das Kind nervenkräftig ist, welches letztere sich in der Fröhlichkeit des Kindes zeigt. Kinder, welche dauernd verstimmt sind, werden von da aus leicht neidisch, boshaft; denn die Munterkeit anderer stört sie. Bei ihnen ist zuerst für Gesundheit und grössere Nervenkräftigkeit zu sorgen. Mangelhafte Ernährung, Blutarmut sind oft die Ursachen der Unfröhlichkeit. Dauernd schwache Kinder sind zum Ersatz für das Viele, worin sie zurückstehen müssen, mit besonderer Rücksicht zu behandeln; man muss sich, so lange sie klein sind, mehr mit ihnen abgeben, die Geschwister müssen zur Gefälligkeit gegen sie eben durch das Beispiel der Eltern selbst gebracht werden; sobald es angeht, sind sie zu einer irgendwie in sich selbst freudigen Bethätigung leichter Art für sich und andere anzuleiten. Gesunde und kräftige Kinder dagegen neigen zur ὕβρις, d. h. sie meinen, alles, was ihnen eine erfreuliche Auslösung ihrer Spannkräfte (angesammelten Kraftvorrates) sei, sei auch den davon Betroffenen lustig (Misshandlung von Tieren und Menschen als Spass). Solche müssen in gleiche leidende Zustände versetzt werden, wenn Hinweise auf das offenbare Leiden der Betroffenen nicht verschlagen.

BENEKE war geneigt, alle Bosheit von Verstimmung ursprünglich abzuleiten, während die Griechen sie meist aus der ὕβρις ableiteten; vielleicht beide mit Recht, je nach den Klassen der Gesellschaft, die sie besonders im Auge hatten.

Auf solche Weise kann das Kind Wohlwollen lernen in der Familie; eben darum aber, weil es so in der Familie lernt, lernt es Wohlwollen auch nur zunächst in dieser Beziehung (S. 36), also auch nur für die Familie. Damit sich der Familiensinn erweitere, müssen besondere Veranstaltungen getroffen werden. Er lässt sich leicht ausdehnen auf Bekannte und Nachbarn, wenn die Eltern in ihr Thun und Lassen diese mit aufnehmen. Bei uns lernt der junge Mann, das junge Mädchen gewöhnlich bloss Rücksicht nehmen auf die Standesgenossen oder die Gesellschaftsklasse der Eltern eben aus deren Beispiel; die anderen Menschen der örtlichen Umgebung existieren gewöhnlich für die Eltern und also auch bald für die Kinder nicht, allein in geeigneter Weise lässt sich das anders machen, so dass eine freundliche und, wo nötig, auch hülfreiche Beachtung statt hat. Im klassischen Altertum und in den Staaten der Neuzeit, welche besonders starkes Nationalgefühl zeigen (was bei uns erst jetzt nach der Reichsgründung mehr anfängt allgemeiner zu werden) lernte und lernt das Kind für das nationale Ganze mitempfinden, eben weil es ihm in der Familie, in der Schule, in all seiner Umgebung als ein Stück selbstverständlichen Interesses entgegentritt, und weil es sich in die nationale Art, zu der es selbst gehört, leicht versetzt. Daher die grosse Vaterlandsliebe bei den Alten und bei manchen neueren Völkern, welche aber eine mehr abstrakte und eine mehr konkrete sein kann. Die abstrakte will, das Land soll gross und mächtig sein im Vergleich mit anderen Ländern, während sie wenig darauf achtet, ob alle einzelnen lebenden Angehörigen desselben auch nur eine leidliche Existenz sich zu verschaffen imstande sind. In diesem Sinne glaubten Ludwig XIV. und Napoleon Frankreich zu lieben; im Altertum war es mit der Vaterlandsliebe oft ähnlich. Es muss daher früh darauf gewirkt werden, dass die Vaterlandsliebe nicht bloss auf das Ganze als solches, sondern zugleich konkret auf die lebenden Einzelnen und ihre Lage geht.

Dass aber der nicht allzuschwer erzeugbare Familiensinn und der ebenfalls nicht selten erzeugte Vaterlandssinn sich erweitere zum Menschheitssinn, dazu sind ganz besondere Veranstaltungen

erforderlich. In fremde Volksart und fremde Rassenart versetzen
wir uns von Haus aus nur schwer, und selbst die theoretische An-
erkennung der Gleichheit aller Menschen in gewissen wesentlichen
Grundzügen (Gleichheit vor Gott im Christentum) hat lange Zeit
eine sehr ungleiche Behandlung der Menschheit in irdischen
Dingen nicht ausgeschlossen: denn Sklaverei und Leibeigenschaft
sind erst seit dem vorigen Jahrhundert in den europäischen und
den davon abhängigen Ländern ganz oder mehr und mehr ver-
schwunden. Um den Menschheitssinn effektiv zu wecken, muss
Interesse für menschliche Art überhaupt gezeigt werden, nicht
blos lebendig in der Familie, sondern auch durch Erzählung und
Lektüre von fremden Völkern. Hier hat der geographisch-ethno-
logische und der Geschichtsunterricht seine Bedeutung. Die
Jugend ist sehr bereit darauf einzugehen, sofern alle Elemente
menschlicher Art in ihr sind und dadurch Anregung erhalten,
und als insbesondere die wilden Völker durch ihr überwiegendes
Muskelleben (Jäger, Krieger) und ihre Phantasie (Mythen, Sagen)
starke Berührungspunkte mit dem späteren Knabenalter haben.
Auch die Hauptzüge des Griechen- und Römertums können in
Übersetzungen in die allgemeine Volksbildung aufgenommen
werden. Dazu müssen treten Hauptmomente des Orients, nicht
blos der Semiten (Altes Testament), sondern auch von Indien und
China. Es könnte das in einem Lese- und Übungsbuch von
mässigem Umfang geschehen. Am förderlichsten für Ausgleichung
des Eindrucks der Verschiedenheit von Nationen und Rassen ist
es, wenn zugleich ein lebhafter internationaler Verkehr statt hat.
Völker mit Kolonien oder mit verschiedenen Rassen in ihrem
Gebiete haben die Überwindung des fremdartigen Eindrucks beim
wirklichen Zusammentreffen von Menschen, die ganz andere sind
im Äusseren, in Sitten und Meinungen, viel leichter. Wie sehr
die Grundlage effektiven Wohlwollens das Versetzenkönnen in
Andere ist, zeigt die gewöhnliche Verachtung der Berufsstände
unter einander innerhalb derselben Nation, von der und der Abhülfe dawider schon S. 51 die Rede gewesen ist.

Was die Art des zu erweckenden Interesses für Menschheit
betrifft, so muss es früh geradezu auf das Wohl der Gesellschaft
gerichtet werden, das materielle (wirtschaftliche) Gedeihen auf
Grund der Arbeit als Fundament und Bedingung des geistigen
ausdrücklich mit eingeschlossen. Das Verständnis dafür regt sich
bei uns jetzt erst in den Kreisen der Gebildeten lebhafter. Dieser

Sinn ist auch praktisch zu üben in Haus, in Schule. Im Erwachsenen hat sich das thätige Wohlwollen zu zeigen: 1. darin, dass aus der Gleichheit menschlicher Natur Regeln für alle gezogen werden, unter welche ich dann mich selbst subsumire (sittliche Gerechtigkeit, welche die sittliche Selbstliebe einschliesst; denn ich bin auch einer gleich den anderen); 2. darin, dass von dem, was nach diesen Regeln für alle mir zukommt von Gütern, Musse u. s. w., ich gerne Opfer bringe, falls andere wegen besonderer Umstände einen besseren Gebrauch davon machen können (helfende Liebe). Menschen, welche sich leicht in die besondere Art anderer versetzen können, sind hierbei die „geborenen Helfer" (SCHLEIERMACHER); solche, die das mit Ungeschick thun, was der gewöhnliche Fall ist, stellen besser ihre helfende Liebe in den Dienst organisierter Gemeinschaften zu verständnisvoller Abhilfe der Not.

Sehr wichtig ist für Wohlwollen, und zwar als ein Teil der sittlichen Gerechtigkeit, die Wahrheitsliebe der Menschen unter einander. Ihre Heranbildung im Kinde geschieht am besten durch das Beispiel von Eltern und Lehrern. Die Sache hat aber auch dann ihre Schwierigkeit. Kinder unterscheiden vielfach Subjektives und Objektives nur langsam. Manche Kinder sprechen von ihren Träumen wie von wahren Erlebnissen. Die Erzählungen, an welchen Kinder zuerst Wohlgefallen haben, tragen, wie ihre Spiele (S. 60), das künstlerische Element in sich, d. h. wenden sich an Gefühl und Phantasie (Märchen). Am Ende des 8. Jahres pflegt das Verständnis für die Unwahrheiten der Märchen zu erwachen. Wie stark die Phantasie die Erinnerung des Wahrgenommenen beeinflussen kann, sieht man aus einer Mitteilung von SCHOLZ über sein 7jähriges Töchterchen. Bei demselben trat nach schlesischer Sitte in der Adventszeit ein Christkind ein. Eine sprachlose, heilige Scheu vor demselben erlaubte dem Kinde kaum seinen Spruch zu sagen. Zuerst erzählte das Kind noch richtig vom weissen Schleier mit goldenen Sternen. Zwei Stunden darauf war das Christkind schon ganz goldig geworden, und gar am Abend hatte man es schon leibhaftig vom Himmel kommen sehen. Derselbe erzählt von einem 10jährigen Knaben, der seinen Freund prügelte, weil dieser nicht mehr an das Christkind glaubte. Normaler Weise entwickelt sich unser Gedankenlauf stets unter dem Einfluss fortwährend zuströmender Empfindungen. Dadurch ist die Möglichkeit einer fortgesetzten Korrektur der Urteilsverbindungen gegeben, unrichtige werden im Entstehen unterdrückt, Phantasie und Urteile stehen damit unter der Kontrole der Aussenwelt. Es gilt also, verträumte Kinder in der Empfindungswelt soweit heimisch zu machen, dass nicht gefälschte Auffassungen vorherrschen. Aber selbst frisch nach aussen gewendete Kinder erzählen bis ins zweite Schuljahr alles Beobachtete in ungeordnetem Durcheinander, in regellosen Gedankensprüngen, ohne Verständnis für logische Disposition; die Beobachtungen selber sind scharf, die Bezeichnung oft schlagend. Dazu kommt noch, dass das naive Denken bildlich ist, indem es, statt zu beschreiben, vergleicht; es mischen sich von Haus aus fast immer Erinnerungen an Ähnliches ein, wie ja auch im späteren Leben unsere Wahrnehmungen nicht Perceptionen, sondern Apperceptionen sind, d. h. zu dem wirklich im Moment Wahrgenommenen wird hinzuergänzt aus früheren Wahrnehmungen; wir sehen nur die uns zugewandte Seite der Dinge, sprechen aber von den Dingen, als ob wir die Rückseite jetzt auch wahrnähmen u. s. f. Dazu kommt noch die Unbestimmtheit der Erinnerung auch bei Erwachsenen. Eine Frage an Studenten (Amerika), nach kurzem Besinnen schriftlich zu beantworten, was für Wetter heute vor 8 Tagen war, ergab überraschende Abweichungen. Schüler von durchschnittlich 10 bis 11 Jahren, im zweiten Jahr in je 2 wöchentlichen Stunden die Turnhalle besuchend, gaben über die Farben der Wände in einem Aufsatz 7—8 verschiedene Antworten. Bei der Prüfung der Fähigkeit von Studenten (Amerika), aus dem Gedächtnis Gewichte, Entfernungen, Zeiten zu schätzen, ergab sich eine auffallende Tendenz Gewichte zu überschätzen, Entfernungen mässig, Zeiten sehr stark zu überschätzen. Ein Grundriss eines sehr oft besuchten Raumes ergab nur aus der Zusammenstellung einer Reihe solcher Gedächtniszeichnungen ein annähernd richtiges Bild des Raumes. Indem man Kinder an objektive Auffassung mit Beachtung dieser Erfahrungen gewöhnt, macht man ihnen den grossen Wert der Wahrheit überhaupt klar. Was Kinderlügen betrifft, so hat STANLEY HALL (Amerika) genaue Ermittlungen gemacht, die sich auf etwa 300 Stadtkinder, Knaben und Mädchen zwischen 12 bis 13 Jahren bezogen. Vollkommenes Nichtverständnis für den Begriff der Unwahrheit zeigte sich nirgends. Der niedrigste Grad moralischer Entwicklung wurde vielmehr durch diejenigen repräsentiert, welche wohl Wahr und Unwahr unterschieden, aber keinen Unterschied zwischen absichtlicher Unwahrheit und

unabsichtlicher Unrichtigkeit zu fassen vermochten, was etwa
ein Dutzendmal beobachtet wurde. Sehr viel gewöhnlicher war
es, dass die Kinder die Lüge für berechtigt hielten, sobald sie
guten Zwecken dient; die Knaben bewundern diejenigen, welche
durch falsche Geständnisse die Schuld der schwächeren Spiel-
genossen auf sich nehmen u. ä. Bei den meisten Kindern war
die Wahrheitsliebe durch persönliche Zuneigung und Abneigung
beeinflusst. Es ist also 1. darauf zu achten, dass der Unterschied
zwischen objektiver Unrichtigkeit und subjektiver Unwahrhaftigkeit
überhaupt gefasst werde als ein Wichtiges; 2. dass die Versuchungen zur Unwahrhaftigkeit beseitigt werden. Diese liegen oft in
der Notwehr. Zu grosse Anforderungen berechtigen nicht blos die
Kinder, sondern auch Erwachsene ihrer Meinung nach zu Hinter-
ziehungen. Dann muss das Gefühl geweckt werden, dass ein kräftiger, sich selbst vertrauender Mensch nicht lügt, sondern unter
allen Umständen die Folgen seines eigenen Thuns auf sich nimmt,
auch solchen gegenüber, die er nicht achtet, nicht mag, aber dass
er allerdings ablehnen darf, andere durch seine Aussagen, wenn
er nicht besondere Verpflichtungen in dieser Hinsicht übernommen
hat, in Übel zu bringen.

Von dem Wohlwollen aus muss auch das starke Motiv zur
sittlichen Regelung des Geschlechtstriebes bei der männlichen
Jugend genommen werden, während bei der weiblichen die Selbst-
achtung zu dieser Regelung ausreichen kann. In Kindheit und
Jugend ist zunächst Fürsorge zu hegen, dass die Geschlechtsfunktion nicht für sich thätig werde in Selbstbefleckung. Die
Gefahr derselben ist bei Kindern und im Knaben- und Mädchenalter gross. Zufällige Reibung der Teile, zu grosse Wärme, reizende
Speisen und Getränke können zu unwillkürlichem und wegen der
Annehmlichkeit und infolge der arglosen Unwissenheit bald auch
willkürlichen Sichzuthunmachen mit den Geschlechtsteilen führen.
Daher ist hierin Behütung und Entgegenwirken durch Abhärtung
notwendig. Das etwa eingerissene Laster kann überwunden werden;
solche Menschen sind, wenn ihnen verständig begegnet wird, überwiegend zu retten. In der Zeit der Pubertät macht der Geschlechts-
trieb uns mehr zu schaffen, besonders weil wir mit den vielen
Fragen, die er wachruft, ganz auf uns angewiesen sind und auf unsere
Altersgenossen. Ein verständiges Wort könnte in den Jahren viel
helfen, es ist vergeblich, zu meinen, durch Totschweigen die Sache
selbst totmachen zu können. Warum sollte nicht ein Buch, wie

Ribbing's „Sexuelle Hygiene" es für Studenten ist, sich für Gymna-
siasten oder deren Eltern herstellen lassen, sodass ihnen gesagt werden
könnte, jeder, der sich in dieser Beziehung irgendwie geniert fühlt
oder Neugierde empfindet, vermöge sich in geeigneter Weise dort
Belehrung zu verschaffen. Nicht wenige werden diese Regungen
gern mit der Erkenntnis beschwichtigen, dass es zunächst gilt,
diese Triebe so zu dämpfen und zu regeln, dass sie der kräftigen
Ausbildung unseres Jugendlebens zugute kommen und damit indirekt einer künftigen Ehe selbst. Unterstützt wird ja bei der
männlichen sowohl als der weiblichen Jugend dies Bestreben,
den Gedanken der Aufschiebung der Ehe zu beleben, meist dadurch, dass in der Zeit der Pubertät gerade Jüngling an Jüngling,
Mädchen an Mädchen sich fester anschliesst. Es beweist dies
gerade, dass die Tendenz des betreffenden Individuallebens ist,
sich in sich selbst und mit Verstärkung durch Gleiche auszubilden.
Die Gefahr, dass aus Jünglingsfreundschaften, aus Mädchenfreund-
schaften Inversion des Triebes entstehe (Homosexualität), existiert
nach der Angabe sachkundiger Gewährsmänner besonders in Er-
ziehungsanstalten. Sollte sich die Beobachtung allgemeiner bestätigen,
dann müssten solche Anstalten mehr und mehr in Wegfall kommen.
Im Grossen und Ganzen muss jener Zug auf Jugendfreundschaften
unter Gleichgeschlechtlichen erhalten werden, er ist selbst bei
schwärmerischer Liebe mehr einer auf gleiche künftige männliche
Ziele als eigentliche persönliche Anziehung wie zwischen Mann
und Weib. Beim Jüngling ist noch indirekt dahin zu wirken,
dass das Sperma selten durch nächtliche Ergüsse verloren geht.
Dies wird erreicht durch angestrengte Arbeit, aber geschieht
nur schwer durch blos geistige Arbeit; es muss Muskelbethätigung
dazu kommen, angestrengte Märsche, am besten eine wirkliche
Handarbeit, zu der ja die Jugend oft auch sonst Neigung hat.
Dadurch wird auch die Phantasie und Begierde soweit be-
schwichtigt, dass sie mehr als leiser Wunsch und poetischer
Traum künftiger Liebe fortbesteht. Bei mässiger Lebensweise
und tüchtiger Arbeit ist der Trieb nach den Mediziner
unschwer bis zur reifen Ehe beherrschbar. Gegen stürmische
momentane Anwandlungen muss im Jüngling eine Gegenkraft
geschaffen sein im Wohlwollen, im Bewusstsein, dass eine gelegent-
liche ausserehliche Erstickung des Triebes notwendig mit einer
Degradierung des Weibes verbunden ist. Denn im Weib tritt es
klar zutage, dass seine Geschlechtsfunktion nur sittlich ist, wenn

sie Kind und Mann und Bethätigung für beide einschliesst. Seltene
Fälle von Krankhaftigkeit des Triebes abgerechnet, bei denen dem
Arzt die Behandlung zukommt, ist es Faulheit und Genussucht
was die Dirnen zu lüderlichem Leben gebracht hat, gewöhnlich
anfangs mit einem gewissen Widerstreben, sodass Verlockung durch
andere oder Verführung seitens der Männer dazu erforderlich war,
sie zum Äussersten zu bringen. Worüber jetzt soviel Erregung
ist, als ob die männliche Jugend mehr als je der Versuchung freier
Liebe (mindestens für einige Jahre) ausgesetzt sei, das geht in der
Sache auf die alte laxe Praxis gerade unserer höheren Gesellschaft
zurück, die nur jetzt in der Breite ausgesprochen und gedruckt
wird; früher wurde das mehr geflüstert. Es war nicht ungewöhn-
lich, dass aus Adelsfamilien der Sohn, der Offizier wurde, mit den
Worten aus dem elterlichen Hause verabschiedet ward: „Du brauchst
nicht wie ein Kapuziner zu leben, aber schone deine Gesundheit.“
In Handelskreisen wurde wohl, wenn ein junger Mann aus denselben sich um die Hand eines Mädchens aus denselben bewarb,
die Frage gestellt: „Hat er auch ausgetobt?“

Dadurch, dass das thätige Wohlwollen auf allgemeine Regeln
gebracht werden kann, welche Bezug nehmen auf das, was von
Mensch zu Mensch zu üben ist, was gegen Eltern, Freunde, Vater-
land u. s. w., wird der Einwand beseitigt gegen die allgemeine
Menschenliebe, welcher manchmal anklingt und am lebhaftesten
in China ausgesprochen ist. In China hat man gegen die allgemeine Menschenliebe eingewandt (Mencius um 300 vor Chr.),
sie schaffe ein Verhältnis zu allen, welches notwendig leer sei, und
hebe dadurch die inhaltsvollen näheren Verhältnisse (Eltern u.s. w.)
auf: wenn man alle lieben solle, wisse man nicht, wem speziell
Liebe erweisen. Der Einwand hängt wesentlich daran, dass die
chinesische Moral ganz auf der Liebe der Kinder zu den Eltern
erbaut ist und nach deren Analogie ausgedehnt auf das Verhältnis
von Unterthan zu Obrigkeit, Frau zum Mann, des jüngeren
Bruders zum älteren, des Freundes zum Freund. Es ist also der
Familiensinn, und zwar mit den Eltern als Mittelpunkt, zum
Prinzip gemacht. Dies ist gegen die Gleichheit. Von Pflichten
der Kinder ist in der chinesischen Moral wohl die Rede, fast gar
nicht umgekehrt von Pflichten der Eltern. Eben dadurch geht
freilich ein Zug von Aufopferung durch die chinesische Moral,
aber eben darum ist auch wohl die Praxis vielfach anders, Über-
treibung ruft Rückschlag hervor.

Das Wohlwollen, sofern es mit Thätigkeit verbunden ist, wird ganz etwas Anderes als die Moral des blossen Mitleids. Der mitempfundene Schmerz hat, wie der mässige selbstgefühlte, etwas Hemmendes für die Bethätigung, ihm ist nur wie Schreien und Seufzen, Ausströmung in Worte oder Lied unmittelbar natürlich, daher meist müssiges Mitgefühl, welches zugleich die Erinnerung an ähnliche Leiden sonst hervorruft und sich daher gern zum Weltschmerz überhaupt ausbildet. So ist es in Indien und den buddhistischen Ländern, welche daher auch im Zusammentreffen mit anders gearteten Völkern an sich die Wahrheit des Tocquevilleschen Wortes erfahren mussten: ce monde appartient à l'énergie. Die Thätigkeit, sofern sie mit Wohlwollen verbunden ist, ist eine höhere Tugend als das Mitleid, welches sich auf Enthaltung von Schmerzbereitung beschränkt, was weniger ist, als den Menschen zu vermögen verliehen ward.

Die dritte Haupteigenschaft, welche in der Erziehung entwickelt werden muss, ist praktische Verständigkeit in Bezug auf Ursache und Wirkung, Mittel und Zweck. Sie beruht auf Erkenntnis der Gesetze, der äusseren sowohl als der menschlichen Natur (S. 57). Wo sie nicht ist, da führen Thätigkeit und Wohlwollen auch in ihrer Durchdringung leicht aus Mangel an Erfolg zu Verstimmung und Missmut gegenüber der Welt, der Natur sowohl als der Menschenwelt, oder auch zu abergläubischen und phantastischen Vorstellungen, mit denen man sich, so gut es geht, hinhält, während andere, die, wenn auch nur instinktiv, jene Eigenschaft haben, weiter kommen. Die Schwierigkeit der Herausbildung praktischer Verständigkeit ist aber sehr gross, weil das Kind und der Mensch überhaupt von Haus aus alles mehr poetisch-animistisch auffasst, meist diese Auffassung sogar in eine religiöse Wendung aufnimmt. Gottes Macht sieht der nicht wissenschaftlich Gebildete viel mehr in der Regellosigkeit als in der Regelmässigkeit. Es ist aber nicht mehr zweifelhaft, dass die Natur unter allgemeinen Gesetzen steht und zwar unter exakten, d. h. mathematische Grössenbestimmungen an sich tragenden Gesetzen, und damit ist der Gedanke wohl vereinbar, dass der letzte Grund der Natur ein geistiger Gott sei, und dass dem Menschen Freiheit im Sinne einer Fähigkeit zur Änderung und Besserung in grossem Umfange zukomme, wie es die ganze Lehre von der Ausbildung des Willens bei aller physiologisch-psychologischen Bedingtheit desselben gezeigt hat. Es ist also bald nach dem Kindesalter die

Anschauung im modernen Sinne zu üben, d. h. die genaue, besonders auf die Grössenverhältnisse aufmerksame Beobachtung, und der Verstand, d. h. die Herausfindung der wesentlichen (unerlässlichen) Momente einer Sache oder eines Vorgangs. Diese praktische Verständigkeit kann mehr durch technische Übung und mehr in theoretischer Weise oder durch beides zugleich erworben werden, je nach Begabung und Umgebung. Die praktische Verständigkeit in Bezug auf menschliche Verhältnisse hat zu basieren auf der Erkenntnis des effektiven Willens und seiner Bildung (S. 9 ff.). Dies kann am Schluss der Erziehung in theoretischer Weise geschehen, von Haus aus aber muss es praktisch geschehen dadurch, dass der Mensch nach jenen Regeln in der Erziehung behandelt wird und ihren Segen an sich verspürt hat.

Die praktische Verständigkeit in Bezug auf die Natur erfordert also ein Eingehen auf das Verfahren der modernen Naturwissenschaft, die in der quantitativen Seite der Dinge das Wesentliche sieht, und über die nächste Wahrnehmung hinausdringt zur genauen Auffassung, oft mit künstlichen Hülfsmitteln. Wie in den nicht unmittelbar naturwissenschaftlich Beanlagten der mathematische und naturwissenschaftliche Sinn zu wecken ist, darüber gebe ich hier bloss Leitgedanken. Ich verweise auf Comenius' Mutterschule, auf Pestalozzi's Hervorhebung der Mass-, Zahl- und Formverhältnisse, auf die Art, wie Herbart z. B. und Spencer ohne Künstelei empfohlen haben, die Freude der Kinder am Qualitativen zur Herausstellung und Auffassung des Quantitativen zu benutzen. Ich verweise auf die Benutzung des in den Fröbel'schen Kinderbeschäftigungen liegenden Momentes des Machens, Gestaltens in derselben Richtung. Gräfe hat für den Elementarunterricht überhaupt das praktisch-theoretische Verfahren empfohlen: vormachen, nachmachen, eben wegen der Gestaltungsfreudigkeit des Kindes; daraus erst entsteht theoretisch-praktisches Interesse und dann rein theoretisches. Im Handfertigkeitsunterricht liegt ein Element der gleichen Art; derselbe kann sich über die ganze Schulzeit hinziehen; bei allen Beschäftigungen der Art, die sich einer wählt, ist ein Anknüpfungspunkt, das Machen zu fördern durch genaue Auffassung des dabei behandelten Stoffes und der dabei benutzten Werkzeuge. Naturwissenschaftliche einfache Apparate können ein Hauptteil des Handfertigkeitsunterrichts sein. Dass dem mathematischen Unterricht eine Vorübung in praktischer Mathematik, im einfachen geometrischen Zeichnen, im Modellanfertigen voraus-

gehe, sehe ich als selbstverständlich an. Wo die mathematische
Phantasie nicht entwickelt ist, hört mit Beginn der Stereometrie
das eigentlich verstehende Folgen auch bei bis dahin mitgekommenen
Schülern meist auf. Dass der naturwissenschaftliche Unterricht
an einen Schulgarten mit Pflanzen und Tieren anknüpft, deren
Pflege den Schülern obliegt, ist an manchen Orten bereits der
Fall. Dass bei diesem Unterricht auf Schulen nicht die wissen-
schaftliche Methode — die natürlich der Lehrer kennen muss —
herrschen soll, sondern die des jugendlichen Interesses mit Leitung
durch den Lehrer, ist wohl gleichfalls allgemein zugestanden, wenn
auch nur wenig befolgt.

Göthe hat die Bemerkung gemacht, welche die Geschichte
der Menschheit durchaus bestätigt, dass dem Menschen von Haus
aus die nächste Wahrnehmung ein Anknüpfungspunkt praktischer
Bedürfnisbefriedigungen ist, dass er darüber hinaus aber ein Leben
in Gefühl und Einbildungskraft führe. Daher gilt es nach Göthe,
die Einbildungskraft, welche gern einen Zug zum Absurden habe,
zu regeln, ihr durch zeitig vorgeführte edle Bilder Lust am
Schönen, Bedürfnis des Vortrefflichen zu geben. So entsteht die
Aufgabe, der Kindheit und Jugend, wo Gefühl und Phantasie am
lebhaftesten sich regen, eine Regelung Beider zu bieten, die mit
der mathematisch-naturwissenschaftlichen Richtung des Unterrichts
in Einklang bleibt. Diese hohe Aufgabe kann die humanistische
Seite der Jugenderziehung lösen. Nach demselben Göthe hielten
sich alle Alten am Nächsten, Wahren, Wirklichen fest, und selbst
ihre Phantasiebilder haben Knochen und Mark. Hierzu kommt,
dass, wie Goethe es ausgedrückt hat, die sittliche Bildung nahe ver-
wandt ist mit der ästhetischen, ja ihr verkörpert und eine ohne
die andere zu wechselseitiger Vollkommenheit nicht gedeihen.
Selbst GUSTAV WERNER, der Gründer der Rettungsanstalten in
Reutlingen, gestand, dass nach seiner Erfahrung arme Kinder, die
aber zufällig in nicht ganz unschönen Räumen aufgewachsen
waren, sich stets moralischen Einwirkungen viel zugänglicher erwiesen, als gleichaltrige aus völlig verwahrlosten Hütten. Freilich ist die sittliche Bildung nur im Zusammenhang mit der mathematisch-naturwissenschaftlichen jetzt voll und gründlich zu gewinnen,
und SCHLEIERMACHER hatte ganz Recht, als er von den Gymnasien
die gleiche mathematisch-naturwissenschaftliche Bildung forderte,
wie von der Realschule, für welche letztere er sehr kämpfte, und
BAIN hat ganz Recht, wenn er von der Volks- oder Elementar-

schule soviel mathematisch-naturwissenschaftliche Bildung verlangt, als irgend dort nach Alter der Kinder und Dauer des Schulbesuchs erlangt werden kann, wozu die Fortbildungsschule der Lehrlinge noch vieles und ihrem besonderen Berufe Naheliegendes hinzufügen mag. Aber allen Schulen, auch den Fortbildungsschulen, sollte zugleich das Beste der alten Litteratur zugeführt werden in Übersetzungen, die mit ebensolcher Innigkeit durchzugehen und in sie einzuleben wäre, wie es mit Tell oder mit Hermann und Dorothea gemacht werden kann. Der Vorzug der Gymnasien wäre, dass ihnen mit Latein und Griechisch selbst das Beste der Römer und Griechen gleichsam tropfenweise und dadurch um so tiefer eingesenkt würde, aber 9 Stunden wöchentlicher Mathematik und Naturwissenschaft würden allerdings von der untersten bis obersten Gymnasialklasse zu fordern sein. Die klassische Philologie, für das Gymnasium ein Zweig der humanistischen, d. h. an menschlichen Verhältnissen menschliche Geisteskräfte anregenden Pädagogik, ist selbst heutzutage nicht mehr ohne sehr viel moderne und gerade auch mathematisch-naturwissenschaftliche Kenntnisse zu betreiben. V. Hehn, gewiss ein Kenner und Verehrer des klassischen Altertums, hat doch geurteilt: „Grundfehler der antiken Zivilisation war die Abwesenheit realistisch-technischen Sinnes bei den Menschen. Die Alten lebten im Traum religiöser Phantasie, in idealem Schein, befangen im Zauber des Schönen als ein adeliges Geschlecht. Die pompejanischen Geräte, Werkzeuge u. s. w. sind schön und edel, aber meistens kindlich. — Was die moderne Welt von der alten scheidet, ist Naturwissenschaft, Technik und Nationalökonomie." Diese Naturwissenschaft hat aber gerade für die ganze Fassung und Lösung der sittlichen Aufgaben die grösste Bedeutung. Um die Alten ganz würdigen zu können und aus ihnen auszuwählen, was noch heute von unübertroffenem bildenden Wert für die Jugend ist, muss man dies Moderne selbst kennen. Göthe hat bemerkt: „Jedes gute Buch und besonders die Alten versteht und geniesst niemand, als wer sie supplieren kann." Selbst ihre meisterhaften Bemerkungen über thatsächliche menschliche Art gewinnen durch die moderne, mit Naturwissenschaft verbundene Psychologie erst ihre volle Aufklärung. Die Kontrastseiten an einem und demselben Menschen notieren z. B. Polybius und Tacitus wahr und doch mit edlem Ausdruck, aber sie notieren sie staunend und wie Rätsel. Wir können dies jetzt dahin erläutern, dass die Verschiedenheit des Menschen von sich selbst das Gewöhnliche ist und ein mehr harmonisches Zusammenwirken seiner mannigfachen Seiten das sehr schwer und darum selten erreichte Ideal.[1]) Dass die stoische psychologische und moralische Ansicht trotz des hohen Strebens irrig ist, und PLATO und auch ARISTOTELES grosse Modifikationen erfahren müssen, steht jedem, der moderne Psychologie kennt, fest, und es sollte sich niemand mit ihrer Auslegung abgeben, der nicht moderne Psychologie und Naturwissenschaft im Detail kennt. Dabei kann man selbst aus der Nationalökonomie der Alten wertvolles behalten. Nach ADAM SMITH haben sie nicht Steigerung der Produktion angestrebt, sondern Beschränkung der Begierden; wir werden gut thun, zur Ersteren tüchtig zu machen und das Letztere doch beizubehalten.

Zu der praktischen Verständigkeit, die von Schulen mitgenommen werden müsste, Gymnasien, Realschulen, Fortbildungsschulen, würden vor allem auch die Grundüberzeugungen gehören, über welche alle Nationalökonomen einig sind, und die durchaus mit 18, 19 Jahren können verstanden werden. Es sind im Wesentlichen diese: Ein wirtschaftliches Gut ist ein Gut, welches in geringerer Menge vorhanden ist, als dass es jedem von selbst sich in ausreichender Weise darbiete. Wo Wasser im Überfluss da ist zu allen Zeiten, da wird niemand besondere Veranstaltungen dafür treffen, dass er es zu einer bestimmten Zeit habe. Im Schlaraffenland würde es daher zwar Sachgüter geben, d. h. Mittel zur Bedürfnisbefriedigung, aber keine wirtschaftlichen, keine, zu deren Erlangung oder Besitz besondere Mühe aufgewendet würde. Diejenigen Güter sind wirtschaftliche Güter, deren Menge geringer ist als ihr Bedarf, Bedarf nicht etwa des Luxus, sondern auch der allerdringendsten Notwendigkeit. Hierauf gründet sich die Aufforderung der Nationalökonomie, produktiv zu sein. „Schlechthin produktiv sein heisst das Weltvermögen vermehren" (ROSCHER). Derjenige ist also produktiv, welcher mehr hervorbringt von Gütern, als er zum eigenen Unterhalt verbraucht. so dass ein Überschuss da ist, welcher nicht dagewesen wäre, wenn er, dieser Produzierende, nicht gewesen wäre. Indem ich die Güter gebrauche, um mehr, als sie selbst sind, damit hervorzubringen, vermehre ich durch meine Arbeit den Vorrat wirtschaftlicher Güter, so dass immer mehr Menschen sich solche aneignen können. Es hat das aber seine Schranken. Gerade die

---

[1]) BAUMANN, Die grundlegenden Thatsachen zu einer wissenschaftlichen Welt- und Lebensansicht, S. 82 ff.

Ernährung des Menschen hängt ganz an der Urproduktion (Pflanzen, Tiere). So sehr der Faktor der Arbeit diese zu vermehren im stande ist, so ist diese Vermehrung doch begrenzt durch natürliche Bedingungen. Über ein gewisses Mass hinaus hilft Düngung und Bearbeitung des Bodens nicht mehr in einer dem Aufwand entsprechenden Weise. Über ein bestimmtes Mass hinaus hilft auch rationelle Viehfütterung nicht mehr, da das Plus nicht mehr angeeignet wird von den Tieren. Hier sind also der Produktion früh Schranken gesetzt, welche gebieten, den eigenen Genuss auf das für Erhaltung der eigenen Arbeitskräfte ausreichende Mass einzuschränken. Was ich darüber hinaus verwende, entziehe ich anderen. Arbeitsamkeit und Mässigkeit sind daher die beiden wirtschaftlichen Haupttugenden, und zwar Arbeitsamkeit als Muskel- und als Nervenkraft, weil nur beides zusammen die Güterqualität der Dinge vermehrt. Die Hand muss vom Geist geleitet werden, aber Geisteskraft ist bei uns Menschen durch Nervenkraft bedingt. Mässigkeit ist gemeint als Genuss zum Zweck produktiver Muskel- und Nervenkraft. Leitfaden für sie ist, dass der Einzelne darauf achte, ob bei seiner Lebensweise die Kräfte sowohl als die Geneigtheit zur Arbeit nachhaltig und frisch bleiben. Sittliche Pflicht der Reichen ist nach dem Dargelegten, sparsam für sich zu leben und ihre Ersparung zunächst für Unterhaltung sog. gemeiner Arbeit zu verwenden, d. h. solcher, welche die notwendigen Bedürfnisartikel für alle hervorbringt. Es ist nicht, vielleicht nie, zu fürchten, dass sobald hierin zuviel geschehe. „So lange wir Menschen sehen, die schlecht genährt, schlecht gekleidet sind u. s. w., so lange werden wir, streng genommen, kaum sagen können, dass zu viel Nahrungsmittel, Kleidungsstücke u. s. w. erzeugt werden" (Roscher). Es ist auch nicht zu besorgen, dass dann zu wenig für Pflege der anderen Seiten menschlichen Wesens (Kunst, Wissenschaft, Religion u. s. w.) übrig bliebe. Im Gegenteil werden diese, wo viel Unterhaltsmittel sind, das für ihr Bestehen Erforderliche erst recht finden. Dadurch dass die Reichen sittlich gehalten sind, ihre Güter vorab zur Unterhaltung produktiver Arbeit zu verwenden, fällt die Gefahr weg, dass Reichtum Genusssucht und Übermut werde. Es hängt das dem Reichtum nicht notwendig an, so wenig wie dem Wissen Verachtung der Nichtwissenden, der Religion die Intoleranz notwendig anhängt. „Wahre Milde setzt die fleissigen Arme in Thätigkeit und bringt Werke zur öffentlichen Zierde hervor"

(Goethe). „Man soll für die Armen sich als Verwalter bezeigen" (Derselbe).

Ein Hauptstück praktischer Verständigkeit ist die Einsicht, dass es eine Veränderlichkeit der Natur giebt durch technische Einwirkung des Menschen, und eine Möglichkeit, bestimmte menschliche Verhältnisse umzuändern, dass beides aber nur unter Rücksichtnahme auf die natürlichen und psychologischen Gesetze geschehen kann. Der Mensch, der zu wenig auf diese Einsicht hingeleitet ist, wie z. B. die Bauern, früher mindestens, hängt daher zäh an dem einmal gelernten Gedanken- und Bewegungstrain fest, widerstrebt aller Neuerung und hegt gegen das objektive Gelingen derselben alles nur erdenkliche Misstrauen. Die Gebildeten bei uns dagegen, bei denen häufig blos das Vorstellen geübt worden ist, sind in Gefahr radikal zu werden, wenigstens in der Jugend, bis sie gelernt haben, dass die Umsetzung von Vorstellung in Handlung, d. h. entsprechende Bewegungen mit Umänderung äusserer Verhältnisse, gar nicht so leicht ist. Manchmal neigen auch die Ungebildeten zum Radikalismus, wenn unter heftigem Druck bestehender Verhältnisse das Gefühl, es müsse anders werden, in ihnen mächtig geworden ist. Dann greifen sie nach den dem Bestehenden möglichst unähnlichen Vorstellungen (zufolge des psychologischen Gesetzes des Kontrastes), und in der unruhigen Erregung des gegenwärtigen Unbehagens meinen sie, in einem Tag diese Vorstellungen in Wirklichkeit, d. h. entsprechende Bewegungen bleibender Art, umsetzen zu können. Ein Beispiel ist die französische Revolution, wo 1. die Gebildeten mit den Vorstellungen alles gethan glaubten (Aufklärung des Verstandes war ihnen Änderung des Menschen); 2. die Ungebildeten den mit ihrer Wirklichkeit kontrastierenden Vorstellungen ganz hingegeben waren, und sich aus Unbehagen mit jener aufbäumten gegen alles ihrem Ideal Widersprechende. Geblieben ist aus den stürmischen Bewegungen blos, was auch vorher im einzelnen von besonnenen Neuerungen bestand; nur wurde dies von einzelnen Teilen auf das Ganze übertragen (Tocqueville, l'ancien régime et la révolution). In unseren Tagen sind in Bezug auf die sozialen Verhältnisse ähnliche Zustände: die Fortschritte der Technik haben bewirkt, dass der Grossbetrieb nicht nur mehr und mehr alles an sich nimmt, sondern dass wegen der bedeutenden zu ihm erforderlichen Kapitalien auch nur wenige eigentlich selbständig werden in diesem Betrieb, und dass zugleich eine strenge Ein-

und Unterordnung aller dabei als dienende Glieder betheiligten
gefordert ist. Hiergegen sind Abhilfen allerdings erfordert, die
besonders in ausreichendem und gesichertem Erwerb und in nicht
allzulanger, d. h. nicht alle Körper- und Geisteskräfte abnützender
Arbeitszeit werden bestehen müssen. Dass dies in friedlichem
Wege erreicht werde, ist eine Hauptaufgabe, zu der eine Erziehung
aller Klassen der Bevölkerung zu Thätigkeit, Wohlwollen und
praktischer Verständigkeit wird beitragen können.

Da die praktische Verständigkeit die nächste Wahrnehmung
durch die genaue Beobachtung ersetzt und Gefühl und Phantasie
durch den Verstand regelt, so kann die Frage entstehen, ob sie
nicht eine mehr männliche Tugend ist, und wie die weibliche
Erziehung sich hier verhalten soll. WENDT („Die Seele des Weibes"),
der sich viel und liebevoll mit Mädchen- und Frauenbildung ab-
gegeben hat, drückt sich über die weibliche Eigentümlichkeit hier
so aus: „Ganz besonders widerstrebt die weibliche Seele einer
strengen lang andauernden Normierung des Vorstellungsverlaufs,
nicht nur einem anhaltenden logischen, sondern auch einem sehr
langen ästhetisch normierend wirkenden Zwange entzieht sich die
Frauenseele. — Das Wesentliche vom Zufälligen zu unterscheiden
fällt den Frauen schwer, namentlich sich anschliessende Gefühls-
momente haften mit Zähigkeit an einem Vorstellungskomplex, was
seine Verwendung beim Denken beeinträchtigt [durch Sympathien
und Antipathien]. Analogie- und Induktionsschlüsse ziehen Frauen
gern und rasch auf dem Gebiete des Konkreten [d. h. sie gehen
leicht von einem Fall auf einen anderen ähnlichen Fall über und
von mehreren gleichen Fällen auf alle], scharfsinnige Deduktion
[einen allgemeinen Satz sich zu erdenken und daraus Folgerungen
zu ziehen, aber alles mit Bezug auf Gegebenes und zur Erklärung
desselben] ist Sache weniger Frauen." Dass die Gefühlsseite bei
den Frauen leichter erregt wird und die Blutgefässe leichter ver-
engert und erweitert, was sich im Erröten, im Erblassen kund
giebt, hat unzweifelhaft einen Grund in ihrer physiologischen
Konstitution und lässt sich demgemäss nicht ganz beseitigen, sondern nur indirekt dagegen angehen. Schon FENELON empfahl
griechische und römische Geschichte zur Ausbildung des weiblichen Verstandes, und was Mdme Necker de Saussure in der
éducation progressive über den mathematisch-naturwissenschaftlichen Unterricht der Mädchen sagt, ist noch heute zutreffend und
erreichbar. Wie sehr das Physiologische hier hereinspielt, sieht

man aus der feinen Bemerkung HERBARTS: „Eben weil der Mann mehr körperliche Kraft besitzt, hat er auch durchschnittlich mehr Charakter als das Weib. Der nur kann festen Charakter besitzen und fest wollen, der sich sagt, er werde, wenn die Zeit kommt, seine Pflicht auf seinem Posten versehen können." Dass im allgemeinen unseren Mädchen geistig etwas mehr zugemutet werden dürfte, darauf hat CONRAD hingewiesen: „In England und Amerika steht die Bildung der Frauen viel höher [als bei uns], auch gegenüber Dänemark, Schweden, Holland dürften unsere Frauen zurückstehen. Der Unterricht bricht in einem viel zu frühen Alter ab."

Zum Moralisch- und überhaupt Geistig-pathologischen.

Es ist S. 55 kurz bemerkt, dass bei Idiotie der eigentlich moralische Wille fehlt und ebenso beim Gewohnheitsverbrecher. Es setzt also die sittliche Ausbildung überhaupt die geistige Normalität im weiteren Sinne voraus. Nach . EMMINGHAUS, „Die psychischen Störungen im Kindesalter, 1887" sind Vorstufen der Moral beim normalen Kinde 1. Freude oder Schmerz bei Lob und Tadel, 2. Fähigkeit, Grundsätze als Gebote und Verbote aufzunehmen und nach denselben sich nach und nach zu richten, 3. Fähigkeit zu Mitleid und Mitfreude, 4. Bethätigungen nach altruistischen Gefühlen (Gemüt, Gutmütigkeit). Fehltritte kommen lange Zeit vor auch bei begonnener bewusster moralischer Bildung. Derselbe Schriftsteller warnt vor zu harter Behandlung von Fehltritten; diese kann sogar Verzweiflung und rasch anwachsenden Lebensüberdruss hervorrufen. Selbst kleine Untugenden sind in frühem Alter oft schwer zu beseitigen. Ist das Lutschen (Ludeln) eingewurzelt, so nützt Güte viel mehr als Strenge. Man muss dadurch auf die Kinder wirken, dass man ihr Thun ihnen lächerlich macht oder ein Versprechen für den Fall des Unterlassens giebt (UFFELMANN, Handbuch der öffentlichen und privaten Hygiene des Kindes, 1881). Gewöhnlich sind solche Untugenden, die freilich nicht ganz unbeachtet bleiben dürfen, auf einmal fort. Wie sehr das Physiologische oft nach dem Pathologischen neigt und sich gerade im Geistigen bemerklich macht, zeigen die einfachen und so treffenden Schilderungen von SCHOLZ, „Die Charakterfehler des Kindes", 2. Auflage, 1895. „Empfindliche Kinder schwelgen gern in eingebildetem Unglück, gerade wie häufig auch Erwachsene es thun. Durch Beschäftigung mit realen Dingen schaffe man ihnen ein wirksames Gegengewicht gegen die Überschwänglichkeit eingebildeter Vorstellungen." „Das leidselige Kind hält den ihm widerfahrenen wirklichen oder eingebildeten Schmerz für verdient und freut sich dessen." „Es giebt Kinder mit ganz gegenstandloser Angst, die sie anhaltend peinigt, oder mit ganz unbegründeter Erwartungsangst vor bestimmt eintretenden und vorhergesehenen, dabei an sich ganz harmlosen Dingen." „Es kommt angeborene Frühreife bei Kindern vor: ein düsterer Ernst, eine Art von Weltschmerz beherrscht sie und lässt sie die Eitelkeit aller Dinge schon jetzt begreifen. Diese Frühreife ist gewöhnlich Vorbote von Geisteskrankheit." Bei dem aufgeweckt phantastischen Kind unterscheidet SCHOLZ zwei Arten. „Bei niedergedrückter Stimmung und geschwächtem Selbstgefühl nehmen Inhalt und Färbung der Phantasie eine freudlose, düstere, entsetzliche Gestalt an; bei gehobenem Selbstgefühl, was der seltenere Fall ist, nehmen die Phantasien einen überschwänglichen, mitunter sublimen und ekstatischen Charakter an („lieben Engeln", Verkehr mit der Mutter Gottes). Sie sind hart an der Grenze zwischen Gesundheit und Krankheit."

Es giebt Fälle von moral insanity bei Kindern; von EMMINGHAUS wird der Ausdruck Gemütsentartung vorgezogen. Symptome derselben sind ungewöhnliche Reizbarkeit, Neigung zu heftigen Zornparoxysmen mit tiefer nachheriger Erschöpfung, Fehlen von Anhänglichkeit und Zuthunlichkeit gegen Eltern und Geschwister. Im Spiel mit anderen Kindern sind solche Kinder hinterlistig, bösartig. Sie zeigen Lust am Obskönen, treiben schamlos an sich selbst Onanie. Strafen helfen nichts. Ist die moralische Krankheit von selbst ausgebrochen und haben die Kinder auch sonst Zeichen von erblicher Belastung, oder ist sie Folge einer Schädelverletzung, so hat sie sich bis jetzt einer erfolgreichen Behandlung unzugänglich erwiesen. Solche Kinder gehören dann in die Idiotenanstalt. Dass aber auch durch die Umgebung ein solcher moralischer Krankheitszustand hervorgerufen werden kann, ergiebt sich daraus, dass, wenn sonst nervengesunde Kinder von dem unsittlichen Einfluss entfernt werden, gewöhnlich bald Besserung eintritt und anhält. SCHOLZ berichtet, dass schon Zubettelegen solcher Kinder und sie einige Zeit als krank behandeln wiederholt nach seiner Erfahrung geholfen habe.

Aber auch in der Entwicklung geistig normaler Kinder ist auf das Physiologische stets zu achten, wenn kein rechter Grund

für besondere geistig auffallende Erscheinungen da ist. So ist
eine traurige Stimmung immer ein krankhaftes Symptom, wenn
sie spontan, ohne psychische Veranlassung auftritt und längere
Zeit anhält (Emminghaus). Die Tonsillar- (Mandeln) Hypertrophie
höheren Grades bringt leicht, hauptsächlich vermöge der Beeinträchtigung des Hörens, Hemmung der geistigen Entwicklung hervor
(Dors.). Zehn Prozent der Kinder mindestens sind mit einem
Geschwulst im Nasenschlundraum, in welchem die Eustachische
Röhre (Ohrtrompete) mündet, behaftet. Folgen sind: sie atmen
durch den Mund, sprechen näselnd und ausdruckslos, hören oft
nicht gut. Der Geschwulst übt mechanischen Druck auf das Gehirn,
schwächt so die Denkfähigkeit, veranlasst häufig Teilnahmlosigkeit
am Unterricht. Das Übel ist nur durch Operation zu entfernen
(Bresgen).

Bekannt sind die Erscheinungen in den sog. Flegeljahren der
Knaben, die nicht selten zwischen 12 und 15 Jahren vorkommen
und mit der Manie (der Kinder) viel Ähnlichkeit haben. Sie sind
charakterisiert durch eine dauernd übermütige Stimmung, die
unzweifelhaft mit der sich ankündigenden Pubertät zusammenhängt.
Gegen Zucht und Sitte wird revoltiert. kleine Knaben und Mädchen,
alte Leute, entstellte oder schwachsinnige Personen geneckt und
verhöhnt: die Knaben werden zu Gassenjungen. Gewöhnlich hilft
nicht Strafe, sondern eher ernstes Zureden, Appellation an das
Selbstgefühl verbunden mit leichtem Spott. Nach der Aussage
von Lehrerinnen finden sich bei Mädchen ganz ähnliche Jahre,
wo sie einander stossen, sich gegenseitig von den Bänken schieben,
zu sogen. Streichen gegen Lehrer und Lehrerinnen aufgelegt sind
und dergl.

Nach den Nervenärzten ist heutzutage ungemein verbreitet
Neurasthenie, d. h. abnorm leichte Erregbarkeit und ebenso leichte
Erschöpfbarkeit der betr. Nervengebiete, indem das Leiden oft
seinen Sitz wechselt. In den unteren Volksschichten kommt
Neurasthenie überaus häufig vor, wenigstens in der Grossstadt
(Krafft-Ebing). Dass die Schule einen Teil der Schuld trägt, darüber sind die Nervenärzte einig. „Das Kind arbeitet heute zu
früh, zu viel" (Ders.). „Der Lernstoff muss in den Schulen auf
das unbedingt nötige Mass beschränkt werden; in der Zahl und
Aufeinanderfolge der Lehrstunden, in der qualitativen und quantitativen Steigerung des Lehrstoffes, in der Methodik des Unterrichts muss jede Überanstrengung des Nervensystems vermieden

werden" (Ebs). „Wer z. B. Gelegenheit hatte, die überbürdeten Kinder anzusehen, die bei uns in Würtemberg auf das Landexamen gedrillt werden, der möchte wünschen, dass dieses Examen aus der Welt draussen wäre" (Koch).

Kinder, die am Morgen ganz gut rechneten, machten Nachmittags etwa doppelt soviel Fehler und viel gröbere Fehler; ebenso war es mit Lesefehlern, Schreibfehlern. Speziell die Beschäftigung mit der Mathematik hat sich als ermüdend ergeben. Nach Griessach setzt Hirnermüdung die Sensibilität der Haut herab, was Nachprüfung bestätigt hat. Als Empfindungsmesser diente der Zirkel: bei zunehmender Abspannung wurde an Hautstellen, die, wenn unermüdet, bei kleinem Abstand der Zirkelspitzen noch die zwei Spitzen unterschieden, blos ein Eindruck wahrgenommen. Das Empfindungsvermögen wird zufolge dieser Untersuchungen durch mechanische Thätigkeit weit weniger beeinträchtigt als durch geistige. Beim Beginn der Nachmittagsstunden hatte eine völlige Erholung (wie am Morgen vor dem Unterricht) nicht stattgefunden. Eine Überbürdung des jugendlichen Alters durch Schulunterricht kann nach Griessach nicht geleugnet werden. Es ist auch immerhin beachtenswert, dass von den 6 ctm, welche Schulkinder durchschnittlich während des Jahres wachsen, 4 ctm auf die 10 Schulmonate und 2 ctm auf die 2 Ferienmonate fallen.

Ich stelle noch einige Ergebnisse zusammen, welche durch Beobachtung oder auf experimentellem Wege gewonnen sind, und zugleich Regeln abgeben, welche im Sinne der Nervenärzte behütend wirken.

„Rindsbraten und Kricket(spiel) machen Männer", heisst es in England (Drüce).

In den englischen Volksschulen hoben sich durch Einführung der Pennyschulküchen, welche eine bessere Ernährung der Kinder ermöglichen, die geistigen Leistungen der Schüler um durchschnittlich 45—60 °/₀ und das Betragen der zuhause nach wie vor verwahrlosten Kinder besserte sich in überraschend kurzer Zeit über alle Erwartung (Löwenthal).

Wird übermässige Fleischnahrung dem Körper zugeführt, so kann dieselbe nicht vollständig peptonisiert (durch den Magen- und Bauchspeicheldrüsensaft verarbeitet) und assimiliert werden. Es bilden sich dann Zersetzungsprodukte, schädlich wirkende Ptomaine und Leukomaine. Gemüsekost ist notwendig zur Anregung für den Darm (Krafft-Ebing).

Jüngere Schüler haben 10—12 Stunden Schlaf nötig, ältere wenigstens 8—9 Stunden. Für die jüngeren Klassen soll der Beginn der Schule nicht vor 9 Uhr sein, damit das junge Gehirn ausschlafen kann.

Jüngere Schüler sollen gar keine Hausaufgaben haben (KOCH).

Zweck der Pausen ist: 1. Streckung der Glieder, 2. andere Muskelgruppen zur Thätigkeit zu bringen, 3. das Gehirn zu entlasten, 4. die Lungen durch passende Bewegungen zu intensiver Thätigkeit in reiner Luft anzuregen. Aus den Schulpausen ist jeder Zwang (ausser gegen direkten Ungehorsam) auszuschliessen.

Mit oder nächst den Morgenstunden bietet die Zeit 3 bis 4 Stunden nach der Hauptmahlzeit für die geistige Arbeit die günstigsten Verhältnisse (KRÄPELIN).

Sobald ein gesunder Mensch geistige Arbeit zu leisten beginnt, erweitern sich seine Gehirngefässe aktiv, während seine Armarterien sich verengern, so dass das Volumen des Armes, wie der Plethysmograph erweist, abnimmt (MOSSO).

Eine mühsame dreistündige geistige Arbeit verbraucht ebenso viel Blut, wie eine 12stündige physische (SCHIFF).

Eine Hauptsache für den geistigen Arbeiter (auch den Erwachsenen) ist Wechsel in der Thätigkeit (zur Vermeidung funktioneller Hyperhämie der betr. Rindengebiete). Länger als 2 Stunden sollte eine bestimmte Art geistiger Thätigkeit nicht dauern (KRAFFT-EBING).

Der Arbeits- (Handfertigkeits-) Unterricht übt die Sinnesapparate, die er, namentlich Auge, Muskelsinn, Tastsinn, in fortgesetzte kombinierte Thätigkeit setzt; er entlastet das Gehirn und lässt es zur Ruhe kommen.

„Beim deutschen Turnen wird zuviel Wert darauf gelegt, die Arme zu entwickeln, dagegen zu wenig auf das Kräftigmachen der Beine. Mein Vorschlag (für Italien) geht dahin, in den Schulen zunächst das Bogen- und Armbrustschiessen, höchstens wohl noch das Scheibenschiessen mit der Luftbüchse einzuführen" (MOSSO).

Die Geschwindigkeit, mit der die Menschen arbeiten, ist auch bei Erwachsenen von gleichem Bildungszustand und gleichem Alter (Studenten) verschieden. Manche leisten in derselben Zeit zwei und ein halb mal so viel wie andere. Manche haben geringe Ermüdbarkeit; bei manchen zeigt sich von der 1. Viertelstunde an ein Sinken der Arbeitsfähigkeit: (kleine Pausen erforderlich). Grosse Ermüdbarkeit hängt keineswegs mit besonderer Schnelligkeit des Arbeitens zusammen. Die Ermüdbarkeit ist eine Grundeigenschaft der Person. Daher empfiehlt sich Trennung der Schüler nach ihrer Leistungsfähigkeit (KRÄPELIN).

Ungenügender Schlaf in der Eisenbahn setzte die Addiergeschwindigkeit um $^1/_3$ herab (bei Erwachsenen). Eine zu Versuchszwecken durchwachte Nacht wirkte noch 4 volle Tage nach (Derselbe).

Menschen von sehr grosser Schlaftiefe kommen mit auffallend kurzer Schlafdauer aus (Derselbe).

Was den Alkohol betrifft, so war bei einem für heutige Begriffe mässigen Tagesquantum von 40—80 gr in stark verdünnter Lösung und in verteilten Dosen genommen teils schon am selben Tage, teils erst am folgenden eine bedeutende (geistige) Minderleistung experimentell zu konstatieren. Der Frührausch dehnte seine Wirkung noch über den ganzen folgenden Tag aus. Die Nachwirkung des Abendrausches war noch am Abend des folgenden Tages aufs deutlichste nachweisbar (KRÄPELIN). Hygieniker sind daher überhaupt dagegen, Kindern, ausser zu direkt arzneilichem Zwecke, Alkohol zu geben.

Was das Rauchen betrifft, so übertrafen nach Untersuchungen am Yale College, am Amherst College (Amerika) die Nichtraucher die Raucher entschieden an Körperkräften, Gewicht und Lungencapacität.

Beneke und Herbart über Willensbildung.

Unsere ganze Lehre von der Willensbildung ist auf den modernen physiologisch-psychologischen Grundlagen errichtet. Wie verhält sich dieselbe zu den in Lehrerkreisen bisher am verbreitetsten gewesenen psychologischen Systemen? Ihrem Grundgedanken nach ist BENEKE's Ansicht gerechtfertigt, wiewohl gerade vieles von seinen physiologisch-psychologischen Einzelansetzungen, zu ihrer Zeit schon verwunderlich, muss korrigiert werden. Nach BENEKE geht Unterricht beinahe ausschliesslich auf Vorstellungen und Fertigkeiten, während der Erziehung vorzugsweise die Gemüts- und Charakterbildung zur Aufgabe gestellt ist. Erziehung geht auf die Ausbildung der inneren Angelegenheiten des Subjekts: der Unterricht bezieht sich auf die Mitteilung und Aneignung von etwas Objektivem für die Kenntnis oder Geschicklichkeit (Fertigkeiten, sofern diese mit Vorstellungen — Bewegungs-

vorstellungen — assoziiert sind). Im Ästhetischen, Moralischen
und Religiösen kann es zwar Begriffe und Vorstellungen geben,
aber die Lebendigkeit ästhetischer, moralischer Empfindungen und
Triebe, die dadurch begründete Gesinnung, die tiefere religiöse
Stimmung kann er an sich nicht geben. Von diesen Empfindungen
geht nämlich ein sehr gebahnter und sicherer Weg zu den Begriffen oder Vorstellungen, aber keiner von diesen zu jenen.
Denn das Lebendige und Frische liegt den tiefsten Grundverhält-
nissen der psychischen Entwicklung gemäss vor den Begriffen.
Hierzu hilft kein Unterricht, sondern nur die Versetzung in
Lebensverhältnisse, welche die geforderten Entwicklungen von
vorn an mehr oder weniger bedingen. So DESEKE.

Anders ist es bei HERBART, mindestens in seiner Theorie.
Denn nach dieser ist Vorstellen die Grundäusserung der Seele,
Gefühl und Streben sind bloss Zustände unter den Vorstellungen.
Die Bildung des Gedankenlaufs ist daher der wesentlichste Teil
der Erziehung; hat man den Gedankenkreis so wesentlich durch-
gebildet, dass ein reiner Geschmack das Handeln in der Phantasie
durchaus beherrscht, alsdann fällt die Sorge wegen der Charakterbildung mitten im Leben beinah gänzlich weg. Wie des Zöglings
Gedankenkreis sich bestimme, das ist dem Erzieher alles; denn
aus Gedanken werden Empfindungen und daraus Grundsätze und
Handlungsweisen. Allein thatsächlich macht es HERBART nachher
bei der „Zucht", der sittlichen Seite der Erziehung, anders. Da
ist die Aufgabe, dass „das Objektive des Charakters, Temperament,
Neigung, Gewohnheit, Begierden, Affekte, einstimmig werde mit
dem Subjektiven, mit dem, was ein lauterer sittlicher Geschmack,
durch Unterricht geweckt und unterstützt, urteilt". Vorausgesetzt
sind also Temperament, Neigung, Gewohnheit, Begierden, Affekte
als unabhängig von der subjektiven, der beurteilenden, Seite da,
und natürlich nicht wild gewachsen, sondern mannichfach im
Verkehr mit der Umgebung beeinflusst. „Der Gesunde fühlt
seinen Körper nicht", in eben dem Sinne soll das sorglose Kind
seine Existenz nicht fühlen, „damit es sie nicht zum Massstab der
Wichtigkeit dessen mache, was ausser ihm ist." Hier ist die grosse
Bedeutung des Physiologischen vorausgesetzt, sogar in einer ideali-
sierenden Weise, denn nicht viele Kinder sind so gesund und so
sorglos, dass sie dem Ansatz, der sie vor egoistischer Auffassung
bewahren soll, ganz entsprechen. Weiter heisst es endlich: „Es ist
notwendig, dass in dem Objektiven des Charakters sich ein reiches

Mass von Wohlwollen als Naturgefühl vorfinde, und ebenso notwendig, dass in dem Subjektiven die Idee des Wehlwollons als ein Gegenstand des sittlichen Geschmacks zur Reife gediehen soi." Stärker kann man die Naturseite der Moral nicht ansetzen, als es hier von HERBART geschehen ist, so stark, wie sie selten da sein wird, und bei ihrem Vorhandensein ist die Idee des Wohlwollens nicht mehr das aus sich Leitende, wie es bei HERBART theoretisch sein sollte.